地域で支える認知症

事例に学ぶ地域連携サポート

吉田輝美

［編著］

ぎょうせい

はじめに

　内閣府と厚生労働省は、「認知症高齢者等にやさしい地域づくりに係る関係省庁連絡会議」を 2013 年 9 月 26 日に発足した。認知症施策は厚生労働省が中心となり、これまでさまざまな対策を講じてきたが、この連絡会議においては「これまでのケア」から「これからのケア」として、ケアの流れを変えることを主軸に据えた。「これまでのケア」とは、認知症によって行動・心理症状等（BPSD）が発生してからその対応を考えてきたケアであり、認知症の早期発見・早期治療によって BPSD の発生を予防するような「これからのケア」の流れに変えていくことが掲げられた。

　認知症の人が安心して住み慣れた地域で暮らし続けるためには、認知症の人を理解する地域をつくっていかなければならない。地域づくりは、住民が認知症に関する正しい知識を持つことから始まる。民生委員や地域の自治会などの地域住民のみならず、銀行やコンビニ、商店街などが参加し、地域の高齢者を見守る活動が整えられていく。それらが専門職とつながり、地域ネットワークが構築され、行政と地域住民が協働した地域づくりが実現されていくことになる。

　認知症の人が住み慣れた地域で継続した生活を送るためには、介護者の存在は大切である。しかし、認知症の人の BPSD は周囲の介護者にも理解することが困難な場合があるため、認知症の家族を介護する者が、その悩みや悲しみをありのままに話ができる空間の必要性は従来から言われていることである。本書では、専門職が組織化した居場所や当事者が組織化した居場所、地域住民が組織化した居場所など、当事者と介護者のより所となる居場所を自律した組織としてつくりあげた実践を

取りあげている。どの組織も、人としての尊厳を大切にすることを共通基盤として、パワフルに活動を展開している。既存の制度や政策ですくわれない市民ニーズに対応したサービスを創りあげたり、現役時代の能力を活かした活動によって世代を超えた地域づくりへチャレンジしたり、世界にひとつだけのそれぞれの活動が本書の中で輝いている。

　2015年の介護保険制度改正により、地域の実情に応じた地域の支え合いの体制を構築することが明示され、総合事業においては2018年3月末までにすべての市町村で整備することとなった。本書では、認知症にやさしい地域づくりに先駆的に取り組んでいる事例を紹介している。自治体の実情に応じて参考にしていただければ幸いである。

　日本中が認知症にやさしい地域となることを心から願って。

2016年8月吉日

吉田　輝美

はじめに

- ●第1章　認知症の基礎知識 …………………………………………………… 1
  - ❶ 脳の構造と機能について ……………………………………………… 1
  - ❷ 認知症とは ……………………………………………………………… 1
  - ❸ 認知症の歴史 …………………………………………………………… 2
  - ❹ 認知症の人をとりまく環境の変遷 …………………………………… 2
  - ❺ 認知症という言葉 ……………………………………………………… 3
  - ❻ 認知症のおもな原因 …………………………………………………… 3
  - ❼ その他の認知症 ………………………………………………………… 6
  - ❽ 認知症の中核症状 ……………………………………………………… 7
  - ❾ 認知症のBPSD ………………………………………………………… 8
  - ❿ 病院受診のタイミング ………………………………………………… 10
  - ⓫ 相談する医療機関 ……………………………………………………… 11
  - ⓬ 認知症診断のための検査 ……………………………………………… 14
  - ⓭ 家族の同行 ……………………………………………………………… 14
  - ⓮ 認知症の治療法について ……………………………………………… 15
  - ⓯ 診察の中に見る認知症の人の気持ち ………………………………… 17
  - ⓰ 介護者自身の健康管理 ………………………………………………… 19
  - ⓱ 認知症予防 ……………………………………………………………… 19
  - ⓲ 認知症の人と車の運転 ………………………………………………… 20

- ●第2章　認知症施策推進総合戦略の概要 ………………………………… 23
  - ❶ わが国の認知症施策経緯 ……………………………………………… 23
  - ❷ 認知症施策推進5か年計画（オレンジプラン）……………………… 27
  - ❸ 認知症施策推進総合戦略（新オレンジプラン）…………………… 29
  - ❹ やさしい地域づくり …………………………………………………… 38

● 第3章　地域包括ケアとかかりつけ医～早期発見・早期対応……………… 40
　■1　地域包括ケアシステムとは ……………………………………………… 40
　■2　早期発見・早期対処の事例～ある夫婦の出来事～…………………… 46
　■3　早期発見はいかに ………………………………………………………… 48
　■4　早期対処 …………………………………………………………………… 50
　■5　早期発見・早期対応 ……………………………………………………… 56

● 第4章　訪問看護と認知症初期集中支援チーム ……………………………… 61
　■1　はじめに …………………………………………………………………… 61
　■2　初期集中支援チーム創設の経緯 ………………………………………… 63
　■3　初期集中支援チームのスキーム ………………………………………… 65
　■4　初期集中支援チームの人員配置 ………………………………………… 72
　■5　初期集中支援チームにおける看護職の役割 …………………………… 73

● 第5章　在宅医療・介護連携の推進 …………………………………………… 80
　■1　認知症の人の居住場所 …………………………………………………… 80
　■2　認知症の地域ケアについて ……………………………………………… 81
　■3　認知症の統合的ケア（Integrated care）……………………………… 84
　■4　在宅医療・介護連携の取り組み ………………………………………… 87
　■5　認知症ケアにおける在宅医療・介護連携 ……………………………… 90

● 第6章　小規模多機能型居宅介護における自治体の役割 …………………… 93
　■1　ふじのくに型福祉サービスについて …………………………………… 93
　■2　ふじのくに型サービスを始めたきっかけ ……………………………… 95
　■3　ふじのくに型サービスの障害者の方の利用方法 ……………………… 103
　■4　ふじのくに型福祉サービスの課題 ……………………………………… 105

● 第7章　年金・医療・介護と後見人制度 ……………………………………… 110
　■1　成年後見制度とは ………………………………………………………… 110
　■2　年金受給者および医療・介護サービスの必要な方と成年後見制度 … 119
　■3　具体的な事例 ……………………………………………………………… 124
　■4　具体的な事例に関わった関係機関団体の役割 ………………………… 133

5 まとめ……………………………………………………………136

●第8章　地域貢献としての認知症サポーター養成講座……………141
　　1 焼津市の概況……………………………………………………141
　　2 焼津市の認知症サポーター養成講座…………………………142
　　3 劇団と協働にいたるまでの経緯と開催………………………147
　　4 焼津市のキッズサポーター養成………………………………151
　　5 協働による意義と今後の展望…………………………………154
　　6 浪蔵劇団代表山口浪男氏の思いとその活動…………………154
　　7 おわりに…………………………………………………………162

●第9章　自治体と認知症カフェ………………………………………163
　　1 山形県認知症相談・交流拠点「さくらんぼカフェ」………163
　　2 ケアコミュニティ「せたカフェ」……………………………177

●第10章　若年性認知症当事者と家族の苦悩…………………………194
　　1 若年認知症家族会・彩星の会…………………………………194
　　2 世田谷区社会福祉事業団　デイ・ホーム太子堂
　　　　若年性認知症コース「ともに」………………………………208
　　3 まりねっこ………………………………………………………221

●第11章　認知症ケアから進めるまちづくり…………………………230
　　1 高齢者見守りキーホルダーがつむぐ認知症の人も安心して暮らせる
　　　　まちづくり………………………………………………………230
　　2 北海道北竜町……………………………………………………247

執筆者一覧

第1章 認知症の基礎知識

1 脳の構造と機能について

　人間の脳は、心と体の司令塔である。
　脳は大脳・小脳・脳幹から構成されている。大脳は右脳と左脳があり、右脳は左半身を左脳は右半身をコントロールしている。右脳は創造的なこと、左脳は計算など理論的なことを担当している。
　大脳は大脳皮質（＝灰白）、白質、大脳基底核の3つから構成されている。大脳皮質の内側に大脳辺縁系があり、この一番奥深い所に海馬がある。海馬は記憶を司るコントロールセンターである。新しい記憶はこの海馬に一度保管され記憶の重要さも判断している。残りの記憶は、側頭葉に保管される。海馬は新しい記憶、古い記憶は側頭葉に整理されて保管される。アルツハイマー型認知症では、海馬の血流が低下するので、すぐ前のことは記憶しづらくなり昔のことはよく覚えているのはこのためである。

2 認知症とは

　認知症とは単なる物忘れと違い、日常生活に支障をきたすようになった物忘れをいう。

【加齢による物忘れ】	【認知症による物忘れ】
①物忘れを自覚していることが多い。 ②食事を食べたことは覚えているが内容が不確かになる。 ③進行はゆっくりである。 ④生活に支障がない。	①物忘れを自覚していないため、周囲から言われても認めないことが多い。 ②食事したこと自体を忘れ食べさせてもらっていないなどと言う。 ③進行していく。 ④生活に支障をきたす。

3 認知症の歴史

　藤田（2003）による江戸時代を描いた書物には、50代の男性が自宅をふらっと出たまま半月も帰らないので奉行所に届けたという記録が残っている。

　50代とは随分若いが、現代で言えば若年性認知症だろうか。そういう人を「うろたえ」と表現し、町中をふらふらと「うろたえ」ていたら届け出るように奉行所からお達しが出ていたとされている。「うろたえ」は徘徊のことだろう。

　認知症は、今から10年後には700万人となると推計されている。65歳以上の5人に1人は認知症になるという予測になる。つまり、誰もが認知症になる可能性があり、ありふれた病気だと思っていた方がいい。原因も治療方法もまだこれだというものはない。現在わかっていることは、認知症の人の心はとても傷つきやすいということである。

4 認知症の人をとりまく環境の変遷

　宮崎和加子（2011）『認知症の人の歴史を学びませんか』によれば制

度の流れ、認知症の人の社会の中での扱いが克明に綴られている。宮崎が訪問看護を始めた頃の今から30数年前、認知症の本人が徘徊するようになると家族も目が離せなくなり、切羽つまった家族は世間体もあり認知症の本人を座敷牢におくようになっていた。さらには、家で看ることができなくなった場合は、精神病院か老人病院へいくことになった。今でこそ、介護サービスの選択肢が増えているが、この頃は糞便まみれ状態で1日1食、ただ死ぬのを待つ人もいたのだ。

5 認知症という言葉

　認知症は病名であり、認知症という病気はない。2004年に厚生労働省が公募で決めた病名であり、痴呆症というと侮蔑的な響きがあることからこの名前に変更された。
　介護保険法では認知症の定義を次のように定めている。

> 「脳血管疾患、アルツハイマー病その他の要因に基づく脳の気質的な変化により日常生活に支障が生じる程度まで記憶機能及びその他の認知機能が低下した状態をいう」（介護保険法第五条の二より）

6 認知症のおもな原因

　認知症と呼べる状態を引き起こす原因疾患は70以上もあると言われている。認知症全体の9割くらいは、次の4大認知症である。

（1）アルツハイマー型認知症

　脳にアミロイド蛋白という異常な蛋白質がたまり脳が萎縮し発症す

る。海馬という記憶の中枢が萎縮していく。
- 直前の事を忘れる。
- 自分が病気であることを認めないことが多い。
- 病識が薄いためなかなか受診につながらない。
- 取り繕いといって、不都合などを隠そうとして、うわべを飾ることがある。
- 進行すると何年何月何日何曜日や、春夏秋冬の季節感が薄れていく。

（2）レビー小体型認知症

　レビー小体という異常な蛋白質が脳全体にみられる。脳の後頭葉が萎縮するので目からの情報処理がうまくできなくなる。
- 「小さな女の子がそこにいる」「夜になると男の人が部屋に入ってくる」など幻視が起こりやすくなる。
- 手の震え、筋肉のこわばり、すり足歩行が多くなり転びやすくなる。
- 体のバランスがとりにくく猫背で肘が曲がった姿勢になりやすい。体が左右どちらかに傾くこともある。
- 一日の中でハッキリしているときと、ぼーっとするときがある。
- 自律神経障害が多い。体温調整ができなくなったり、便秘の悪化、立ちくらみなどがある。
- うつ病になりやすい。表情が虚ろになることがある。
- 進行すると嗜眠といって突然居眠りをはじめてなかなか起きない状態になる。
- レム睡眠障害といって、寝ているときに大声で寝言を言ったり夢遊病者のように歩きまわることもある。
- 薬に過敏であり薬剤の調整が難しい場合が多い。過量になるとふら

つきから転倒、意欲低下などがみられる。

(3) 前頭側頭葉型認知症

　ピック球という異常物質が前頭葉や側頭葉にたまり脳の萎縮が起こる。
- お金を払わず買い物をする。
- コートの下に何も着ないで買い物にいく。
- 赤信号を無視して平気で渡る。
- 言葉の理解力も低下する。
- オウム返しに言葉を言う。
- 集中力の低下。じっとしていられなくなる。
- 同じものばかり食べたがる。
- 驚くほど濃い味付けになったり食欲旺盛となり一気に食べてしまうこともある。
- 同じ言葉を繰り返し言う。

(4) 脳血管性認知症

　脳の血管の病気で、脳梗塞や脳出血、くも膜下出血などが原因である。脳の一部の障害なので「まだらボケ」といって理解力・判断力はある程度保っているが記憶力が時間帯によって良かったり悪かったりすることをいう。
- 感情失禁といってちょっとしたことで泣いたり・笑ったりまた怒ったりして周囲を戸惑わせることが多い。脳血管認知症の特徴的な症状。
- 箸をおとしたり、呂律が回らない、トイレが間に合わないなど。
- 夜間に徘徊することが増える。

●うつ状態になることが多く能面のような表情になることもある。

7 その他の認知症

完治できる可能性のある認知症を以下にあげる。

（1）正常圧水頭症
脳の中にある水分を脳脊髄液という。この液の流れや吸収が悪くなり脳にたまることを水頭症という。脳室にたまった脳脊髄液は脳を圧迫するようになる。物忘れや、失禁、歩行時のふらつきがみられる。

（2）慢性硬膜下血腫
転倒時頭部打撲したことにより頭蓋骨硬膜の内側に出血しそれが血腫となり脳を圧迫する。高齢者の場合は頭を打った記憶がないこともあり転倒後数か月は、いつもと違う様子がないか、頭痛、吐き気に注意をする。急に物忘れが始まった時はこの病気をまず考えてみる。手術して治癒可能である。

（3）薬の副作用
睡眠剤の過量投与、骨粗しょう症の薬、強心剤、ステロイド剤、一部の胃薬、内服薬の確認をする。不眠のため内服していた薬で意識が朦朧とする場合もある。最近は骨粗しょう症の薬で血液中のカルシウム量が増え高カルシウム血症による意識障害もある。

（4）ビタミン欠乏症
アルコールを多飲したり、偏った食生活をするとビタミンB12が不

足する。記憶力低下や意識が朦朧とするなどの症状がでる。ビタミン剤の内服が有効である。

(5) 甲状腺機能低下症

新陳代謝を促すホルモンが低下すると元気がなくなる。また甲状腺ホルモンは脳細胞の働きにも使われるので不足すると思考力の低下がみられる。チラージンの内服が有効である。

(6) 脳腫瘍

脳の中にできた腫瘍により脳が圧迫され、頭痛、吐き気、嘔吐などの症状がある。腫瘍の発生部位によっては記憶力、判断力の低下による物忘れや視野狭窄、手足の麻痺など様々な症状がでる。

(7) 若年性認知症

65歳未満で発症する認知症。うつ病や仕事の忙しさで疲労していると思われることが多い。進行するケースもあり専門医に早期受診をする。

(8) MCI（軽度認知機能障害）

生活に支障はないが、物忘れが多くなった状態をいう。

MCIの人のうち認知症になっていく人もいるので本人や家族が気になるときは、早目に診察をしてもらい脳の精密検査を受けてみる。

8 認知症の中核症状

脳の神経細胞が壊れ認知機能が障害されて起こる症状で、脳の認知機能が低下した人であれば誰にでも起こるものである。以下に中核症状を

まとめた。

中核症状	事例
記憶障害	同じ物を何度も買う。 火の消し忘れ。 約束を忘れる。 ゴミ出しを忘れる。
短期記憶障害	何度も同じことを話す、聞く。
失行	着替えができない。 リモコンの使い方が分からない。
失認	物の名前が分からなくなる。 家族の顔が分からなくなる。
失語	言葉が出にくい。 会話が成立しなくなる。
見当識障害	時間や場所が分からなくなる。
実行機能障害	料理の手順、味付けができない。 洗濯機の使い方が分からなくなる。 バス・電車に乗れなくなる。
判断力の低下	季節に合った洋服が選べない。 車の運転に支障が出る。 スケジュールが分からなくなる。

9 認知症のBPSD

　BPSDとは「Behavioral and Psychological Symptoms of Dementia」の頭文字をとったもので、「認知症の行動と心理症状」といわれる。以前は認知症の人の「問題行動」や「異常行動」などと表現されていたが、介護する側からの視点で問題ととらえていることも多いことなどから、前述の中核症状に対して「周辺症状」と呼ばれるようになった。近年はBPSDと表現されることが多くなっている。
　BPSDは、本人をとりまく環境や対人関係が影響すると言われてい

る。BPSDは認知症の人がどのような環境におかれているかによって表れ方も違ってくる。本人との人間関係や性格、生活環境などが影響し症状として出てくるため、介護者はその対応に苦労することも多い。

　BPSDは、何等かの原因があって起こることが多いので、本人の苦痛がないか、また薬剤の副作用がないかなどを検討してみる。介護者が不適切な対応をしていないか、本人が居心地の悪い環境にいるのではないかなどの側面から検討することも大切である。本人が安心して過ごせる環境を整えたり、ケアの仕方を工夫することで症状が消えたり軽くなったりする。また、BPSDは介護者の負担が増えるので、薬による調整を図ることも可能であり、主治医に相談してみるとよい。

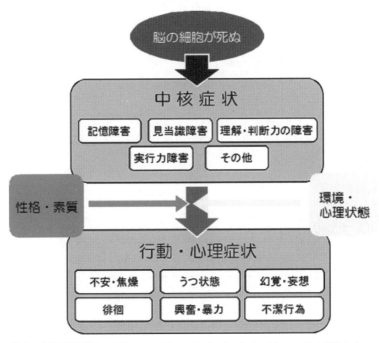

出典：厚生労働省 http://www.mhlw.go.jp/topics/kaigo/dementia/a02.html

BPSDの例	行動障害の事例
物とられ妄想	嫁が財布や洋服を盗ったと思いこむ。言われた人のショックは大きいが、一緒に探すようにすると治まることがある。
不安	「夕暮れ症候群」は、あたりがうす暗くなり家に帰ると外に出ようとすることである。対処は一緒に歩く、お茶をのんでからと気分転換をする。
過食	食べたことを忘れたり、食欲を自己コントロールできなくなる。食べてないと言われた時は、今準備していると伝えたり、食べ終わった食器を置いておくなどの対処をしてみる。
睡眠障害	昼間居眠りをしたり、昼か夜か分からなくなる。昼間は散歩や軽い運動をしてみて、夜眠れる工夫をする。
入浴したがらない	清潔にする意味が分からない。入浴すること自体が理解できない。自宅で入浴が難しいときは、デイサービスなどを利用して入浴できる機会を確保する。一緒に入って背中を流す。
排泄の失敗がふえる	トイレの場所が理解できず、どこでしたらよいか分からない。トイレの電気を夜はつけておく。さりげなく誘導する。
暴力・暴言	体の不調がないか観察する。熱・便秘などによってイライラしてしまっていることもある。目をみてゆっくり本人のペースで対処する。

10 病院受診のタイミング

　認知症の人は、忘れているということそのものを忘れてしまうことが多く、本人が病院へ行ったほうがいいのではないかと自覚し、自ら受診することは難しい。そのため、家族が診察してもらうよう話をしても本人が受け入れないことが繰り返される。

受診のタイミングは、以下の表にある行動が見られたら検討してほしい。

受診のタイミング
☐ いつもならしないような仕事上でのミスが増える。 （家事の手順や料理がいつものように手際よくできなくなっている）
☐ 約束の時間に来ない、約束した場所にいない。
☐ 何度も同じことを言ったり聞いたりする。
☐ 電気の消し忘れ、風呂を沸かしたままにしたり、鍋焦がしが目立つ。
☐ 穏やかだった人がちょっとしたことで怒るようになった。
☐ 財布がなくなった、鍵が見当たらないと探し物が増えた。
☐ 人を疑うようになる。 「嫁が財布を盗んだ。私がいない間に嫁が部屋を勝手にいじった。」 一番身近な人が疑われ家族関係がぎくしゃくするようになる。
☐ 固有名詞がなかなか出なくなった。「あれ」「それ」が多くなっている。ヒントを言っても思い出せない。
☐ 冷蔵庫に同じものが溢れている。卵、豆腐、肉などいつもスーパーで買っているものが多い。
☐ お洒落だった人が服装に構わなくなる。
☐ ゴルフや陶芸など多趣味だった人が億劫がり行かなくなる。
☐ 計算ができなくなり買い物はお札で払うようになる。

11 相談する医療機関

（1）かかりつけ医

普段から頼れるかかりつけ医を見つけておくことが望ましい。まずは、かかりつけ医に相談してみる。かかりつけ医が認知症の専門医でない場合には、専門外来を紹介してもらう。神経内科、脳神経外科、精神科に専門外来があり、近年は「物忘れ外来」としている医療機関もある。

本人は病気の自覚がないため、受診することを受け入れられずに、家族は受診にたどり着くまでに相当苦労されることもある。既にかかりつけ医がいるのであれば、家族が事前にかかりつけ医に協力してもらうように相談しておくとよい。かかりつけ医が「一度脳の検査をしておくとよい」など、本人へ検査の必要性を伝えてくれることによって、本人の気持ちが変化して認知症の検査につながっていくこともある。

　かかりつけ医が無い場合には、保健所や地域包括支援センターに相談すると様々な情報を提供してもらえる。家族が健康診断を受けに行こうなどと声をかけて、受診につながることもある。家族が強引に病院へ連れて行っても、本人が不信感を持ち、それっきりになり通院が継続しなくなってしまうことは避けたいものだ。

　病院は精密検査を受け診断するところであるので、診断後に定期的に通院することも考慮し、治療にあたっては自宅から近い医療機関が理想である。

（2）認知症疾患医療センター

　認知症疾患医療センターは、1989（平成元）年に「老人性痴呆疾患センター」として、長年事業運営されていた。しかし、地域の関係機関との連携機能が十分に果たされていなかったことが指摘され見直された経過がある。

　誰もが要介護状態や認知症になっても、住み慣れた地域でその人らしく住み続けられることを望んでいる。介護者も安心して住みなれた地域で介護できる環境を望んでいる。そのような本人や家族の思いを実現させる支援のひとつに、認知症専門医療の提供と介護サービス事業者との連携を担う中核機関として、都道府県及び指定都市により指定を受けた認知症疾患医療センターが整備されている。その数は、今後2017（平

成29)年度末までに約500か所整備する目標が掲げられている。

　認知症疾患医療センターでは、認知症の鑑別診断やBPSDの症状に対応する急性期医療、認知症医療相談、認知症ケアを担う人材育成等の地域医療への貢献などを行っている。

認知症疾患医療センター運営事業実施要綱

設置基準

(1) 専門医療機関
ア　認知症疾患の鑑別診断のための人員、検査体制を有しており、具体的には以下を満たしていること。
　(ア) 人員配置
　　①専任の専門医（日本老年精神医学会又は日本認知症学会）又は認知症医療に係わる経験が5年以上の医師が1名以上配置されていること。
　　②専任の臨床心理技術者が1名以上配置されていること。
　　③専従の精神保健福祉士等が1名以上配置されていること。
　(イ) 検査体制
　　CT又はMRIを有していること。ただし、MRIを有していない場合はMRIを活用できる体制が整備されていること。SPECTは活用できる体制が整備されていること。
イ　認知症疾患の周辺症状と身体合併症に対する急性期入院治療を行える一般病床と精神病床を有していること。ただし、同一の施設において上記の一般病床と精神病床の確保が困難である場合は、以下のいずれかを満たしていれば差し支えない。
　(ア) 認知症疾患の周辺症状に対する急性期入院治療を行える精神病床を有する病院であり、重篤な身体合併症に対して、入院医療等が行える他の保健医療機関との連携体制がとれていること。
　(イ) 身体合併症の急性期治療を行える一般病床を有する病院であり、認知症疾患の周辺症状に対する精神病床における入院医療等が行える他の保健医療機関との連携体制がとれていること。
ウ　認知症疾患に係る専門の部門を設置し、認知症の専門医療相談を行っていること。
(2) 地域連携
ア　情報センター
イ　研修会、連携協議会
(3) 実績の報告
　認知症疾患に係る専門外来件数（うち鑑別診断件数）、入院件数（自院および紹介先での入院件数）、専門医療相談件数（電話、面接相談件数）の年間の実績を報告すること。

事業内容

(1) 専門医療相談
(2) 鑑別診断とそれに基づく初期対応
(3) 合併症・周辺症状への急性期対応
(4) かかりつけ医等への研修会の開催
(5) 認知症疾患医療連携協議会の開催
(6) 情報発信

出典：認知症疾患医療センターの整備等について
　　　http://www.wam.go.jp/wamappl/bb15GS60.nsf/0/0404af75b39fd9cf492574d4002443cc/$FILE/ATTSITC0/20080930_8shiryou5.pdf

12 認知症診断のための検査

医療機関にかかった際に、どんな検査をするのかをまとめた。

1	医師の診察と問診を受ける。
2	認知機能検査 【長谷川式簡易認知機能検査（HDS-R）】記憶力や見当識を調べる心理検査で質問数は9項目ある。判断方法は、最高得点は30点満点で ・21点以上を正常と判定 ・20点以下を認知症の疑い として、認知症のスクリーニングを目的としており得点による重症度分類は行わない。 【MMSI（Mini Mental State Examination）】30点満点の11の質問からなり、記憶力、計算力、言語力、見当識を測定するテストである。判断結果の点数は、 ・27～30点　正常 ・22～26点　軽度認知症の疑いもある ・21点以下　どちらかというと認知症の疑いが強い となっている。
3	頭のCTやMRI検査など 【画像検査】脳の萎縮の程度、脳梗塞、脳腫瘍の有無を調べる。 【脳の血流検査】アルツハイマー型認知症では海馬の血流低下があり、レビー小体型認知症では後頭葉の血流低下がみられる。
4	その他検査 　（血液検査や心電図など必要に応じた検査）

13 家族の同行

医師にとっては、普段の様子を知っている家族からの情報がとても役立つものであり、病院で精密検査を受ける場合には、家族の同行を求める医療機関もある。

診察時、家族同席診察後その後家族のみの面接時間を設ける配慮が必要である。認知症の人は不安感が強い場合が多く、自尊心を尊重することが大切である。

　次のような情報があると診断の参考になる。

家族による診察時の情報提供内容
☐ いつ頃からどんな症状があるか。
☐ 今回の受診は本人は同意しているか。
☐ 日常生活で支障をきたしていることは何か。
☐ 日常生活で本人が困っていること。
☐ 家族が困っていること。
☐ 今までにかかったことのある病気について書いておく。
☐ 治療中の病気とお薬手帳を持参する。
☐ 精密検査を本人・家族が希望しているかを確認する。
☐ 介護保険を申請済のときは介護保険証を持参する。
☐ 介護保険未申請であれば診察時に相談をする。

14 認知症の治療法について

（1）薬物治療

　医師の処方による内服薬で効果がある人は、3～4割程度である。認知症は3～10年くらいで進行していくもので、薬の効果には個人差があり、副作用にも十分注意する必要がある。

　内服薬は脳の神経伝達物質の働きをよくする薬であることから、怒りっぽくなったりする人もいる。診察の際には、本人がイライラしていないかなど家族からの近況報告が重要になってくる。本人には症状の自覚がない場合もあり、また本人の自尊心にも配慮し、診察の際には本人と家族が別々に医師と話をすることも必要である。

治療薬は、現在4種類ある。

1）脳細胞の神経伝達物質の働きをよくする薬

名　　　称	剤形	回数
ドネペジル（一般名：アリセプト）	内服	1日1回
ガランタミン（一般名：レミニール）	内服	1日2回
リバスチグミン （一般名：イクセロンパッチ・リバスタッチパッチ）	貼付剤	1日1回

2）脳神経細胞に障害を及ぼす受容体に結合して脳神経細胞を守る薬

名　　　称	剤形	回数
メマンチン（一般名：メマリー）	内服	1日1回

（2）薬物以外の治療

薬に頼らない治療を非薬物療法といい、現在介護保険サービスで取り組まれているものもある。その一例を以下に紹介する。

音楽療法	音楽を聴いたり歌ったり楽器を演奏したりすることで、現存する感情や感性に働きかけて、精神的な安定を図る。
園芸療法	畑や庭などで野菜や花を栽培し、土に触れる喜びや育てる喜びを得て、生きがい感や精神的安定を図る。
芸術療法	絵を描いたり、作品を創作したりしながら、創作する喜びや感覚刺激を受けて、精神的安定や生きがい感を得る。
アニマルセラピー	親しみのある動物を見たり触れたりし、楽しみや喜びを感じ、精神的安定が図られる。
アロマセラピー	香りによって不眠が解消されたり、精神的安定を図る。
化粧療法	化粧によっておしゃれを体感し、過去の自分を思い出し活力的になったり、精神的安定が図られる。
回想法	昔の写真や生活道具などを材料に昔を回想し語り合うことで、情緒的な安定を得る。

学習療法	計算問題や文章の音読などによって脳を活性化させ、認知症を予防・改善させる。介護予防としても用いられている。
バリデーション	認知症の人の表現には、それなりの意味や背景があるとして、言動を受け入れ理解するようなかかわり方を介護者が行うことによって、精神的な安定につながる。

15 診察の中に見る認知症の人の気持ち

(1) 不安で孤独な気持ち

　ちょっとした物忘れをしても家族からは「しっかりして」「さっき聞いた」とその都度間違いを指摘されたり、怒られたりすることが増えていけば、誰だって自責の念や被害的な気持ちに陥る。家族を含め周囲の人との関係性が症状の変化に関係していく。「しっかりしようと思ってもだんだんできなくなる……」と言った人もいる。「頭がドンドン悪くなる、家族に迷惑をかけるから」と泣いた女性もいた。

(2) 認知症の人とその家族の姿

　家族や周囲との関係が悪くなると、病状も同じように暴力や暴言が顕著になっていく。家族が医師に言うと鎮静剤が処方されることもある。しかしながら、周囲の温かい配慮がないとますます悪化し、鎮静剤の増量によりその人本来の姿を失っていくことになる。鎮静剤が増量されても怒りはますますひどくなっている人もいる。

　すぐ忘れる病気の人に「さっき言ったでしょ」と言っても、ますます混乱するだけである。夫婦仲が悪い場合は、互いに責め合うので、ますます拗れていく。

　認知症の人とその家族の姿はさまざまである。

「最近意欲がなくなってドリルもやらない」傍にいた夫は「うるさい」と一言。

「外来で認知症の検査をやってください」と毎回診察のときに言う妻。夫は妻の顔色を窺って時折うんざりした表情をしている。

「生まれ故郷の伊豆に帰ろうと思ってね」とある女性患者さんは、歩いて帰ろうとしていたところを発見された。本人には「お母さんが危篤だから帰らなくちゃ」といった理由があるのだ。ある家族は、何度か行方不明になって発見された母親に怒ることなく「お母さん、よかったね」と、笑顔で一言だけお嫁さんが言った。その後出歩かなくなった。笑顔は一番安全な特効薬である。

（3）「拒否」という言葉について

周囲がよかれと思って計画をすすめても、本人が受け入れないと「拒否」という言葉を使うことが未だに多い。

デイサービスを利用していた女性が「入浴拒否」と名づけられた。その本人に話を聞くと「昼間お風呂に入る習慣などないから」と言った。確かに生活習慣として考えれば、日中お風呂に入るのは日常ではない。デイサービスで日中入浴をするのは、介護者側の都合もある。

「デイサービスに行かない」と、よく家族から相談を受ける。本人に聞いてみると「勉強なんか嫌だね」と言うのである。勉強とは、デイサービスでレクリエーションやリハビリと称して提供されるメニューのひとつであろう。元々ゴルフ好きのスポーツ派だった本人に合うように、運動が主体のデイサービスに事業所を変更したところ、がぜん張り切って通所するようになった。

16 介護者自身の健康管理

　介護疲労して思わぬことを言ってしまったりやったりすることもある。疲労と悩みは一人で抱えこまないようにすることが、長い介護生活においては重要なことである。介護者の心の状態が本人の言動に投影される、映し鏡とはよく言われることだ。

　介護者が晴々とした気持ちでいるために、ケアマネジャーに相談してみる。何かグッドアイディアがみつかるかもしれない。本人抜きでかかりつけ医に相談しに行くこともよい。介護者の思いに共感してくれない医師は、変えてもよい。家族会や認知症カフェの参加も何かが得られるかもしれない。

17 認知症予防

　近年は、認知症予防に関する研究も発展している。認知症予防に効果的といわれているものをまとめる。
① 日頃の生活習慣の見直し
　血圧はどうか、糖尿病がないか、肥満はないか、喫煙、過度なストレスはないかなど、年に1回の健診でチェックする。
② 1日5,000歩は歩く。
③ ご近所さんとお付き合いをする。
④ 地域の催しに参加、老人会の集まりに参加する。
⑤ 認知症カフェに参加してみる。
⑥ 趣味をいくつかもつ。
⑦ 糖質過多にならないようにし、血糖値を上昇させない食事を心がけ

る。
⑧肉・卵・チーズなど高蛋白食にしてみる。
⑨笑顔で暮らす。「有難い」という気持ちを持つ。
⑩あれっと思ったら、最近ちょっと変じゃない？と言われたら受診してみる。

18 認知症の人と車の運転

　認知症が疑われる6割の男性は運転を続けているといわれている。車の運転が生きがいであったり、車は生活の足として日常生活に必要である場合など、なかなか運転免許証返納につながらない。ここでは、ふたつの事例を取り上げ、認知症の人と車の運転について考えてみたい。

【事例1】1日に何度も自宅周囲を運転する

　83歳男性は元運送会社副社長である。「車は1日に1回はエンジンをかけないとだめだ」と、妻が危ないからと言っても聞き入れない。車の鍵を渡さないと怒鳴り散らすので、妻は仕方なく運転を許していた。5分ほど自宅周辺を運転し帰宅するが、自宅車庫にぶつけることが多く、車は傷だらけの状態になっている。隣の家からもエンジンをふかさないで欲しいと言われている。妻は、私が見ているので、たぶんまだ大丈夫と言っていた矢先、朝6時に妻が気づかないうちに夫は車を走らせていた。自宅周辺は通学路である。

　2年前に運転免許の更新に行ったとき、家族は恐らくは更新できないだろうと思っていた。しかし本人は「そろそろ返納した方がいいです」と言われたそうだが、そのまま継続している状態であった。この時は息子同行で運転免許試験場に行ったが、更新申請が終わると本人は同行し

た息子に気づかず帰ろうとし、息子が「親父！」と声をかけると「お前、何しにここにいるんだ」と言った。

こうして2年がたった。数か月前に主治医を変えた。転院理由は怒鳴る（以前から怒りっぽかったが病的になった）、夜も寝ない状態がひどくなった、等のためである。

担当医は、薬剤過量により脳が興奮している可能性もあると家族に伝え、アリセプト錠10mgを5mgへ減量、夜間は極少量の睡眠剤処方とした。薬剤減量をしてから怒鳴り散らすことはなくなり、夜もよく眠るようになった。ただ車の運転は相変わらずしている。

妻がある日「家族みな心配している、お父さんが事故で亡くなったりしたら私たちも孫もみんな悲しむ」と時間をかけて穏やかに伝えたところ、初めて夫は「そうだな、そうしようか」と答えた。怒りをもって接すると怒りで返ってくる。半ば諦めていた子供たちも説得することになった。

運転をやめてもらうためにやってみることとして、
①鍵を隠しておく
②ガソリンをぬいておく
③バッテリーをはずしておく
④タイヤの空気をぬいておく
などが有効とされるが、②から④は本人がディーラーに電話をかけてしまう場合を想定しておく。家族はディーラーに修復不可能と伝えてもらうような協力を仰ぐこともいいかもしれない。事例1の妻は「車屋は、売るのが仕事だから無理」と言っていた。事故を起こしていない状態のためか、家族の危機管理意識は思いのほか低いことがわかる。また夫に従う年代の夫婦では、夫に逆らえないこと、妻の自己決定が困難であることも理解しておく必要がある。介護に発生する種々の出来事は家族関

係の集大成である。

【事例2】高度難聴がある脳血管性認知症

　83歳の男性は本年免許の更新をしている。妻は重度のアルツハイマー型認知症で特別養護老人ホームに入居している。週1回車を運転して、妻に会いに行っている。男性自身は週2回デイサービスに行き、週5回午前中にヘルパーが食事作りのサービスを利用している。

　以前は夕食と一杯やりがてら近隣の食堂に行っていたが、その記憶も定かでなくなったことから、ヘルパーは朝昼兼用の食事と夕食を準備している。

　補聴器をつけても、ゆっくり大きな声で話さないと通じない状態である。車のクラクションは聞こえてないだろう。

　ケアマネジャーは、本人と別世帯の娘たちに車の運転はそろそろやめたほうがよいと伝えている。しかし、その度に「母の所に通えなくなるから」や「それにまだ事故を起こしてないので大丈夫だと思う」という答えが返ってくる。

　事例2からも、本人はもとより家族の車の運転に対しての危機感は、周囲の人たちとかなり温度差があることがわかる。

参考文献
藤田覚（2003）『大江戸世相夜話―髪結い、高利貸し』中公新書
宮崎和加子（2011）『認知症の人の歴史を学びませんか』中央法規

第2章 認知症施策推進総合戦略の概要

　厚生労働省は、2015（平成27）年1月27日に「認知症施策推進総合戦略～認知症高齢者等にやさしい地域づくりに向けて～（新オレンジプラン）」を公表した。本章では、これまでの認知症施策に関する動向などをまとめながら、新オレンジプランの概要について述べる。なお、現在は「認知症」と表現されているが、2004年の呼称改訂以前の表現はそのまま用いる。

1 わが国の認知症施策経緯

（1）1980年代後半の施策動向

　1963年に老人福祉法が制定された際には、「寝たきり老人」を問題視していた。その後、わが国は平均寿命の延びとともに高齢社会が到来し、経験したことのない介護問題に向き合わなければならなくなった。高齢者が増えることによって、要介護高齢者が増えることは想像に難くない。

　さらに、要介護高齢者には前述のような「寝たきり」のみならず、高齢化にともなって顕在化してきた「痴呆性老人」の課題がある。そのことに対応するため、1986（昭和61）年に、厚生省では「痴呆性老人対策推進本部」が設置された。翌年8月には「痴呆性老人対策推進本部報告」がまとめられた。その中には「他の要介護老人とは質量とともに異なった介護が必要であり、介護する側、特に家族は多大の精神的・肉体

的負担に苦悩することになるのが実情である（1987：96）」と表現して、今後の対策の必要性を謳っている。

在宅の痴呆性老人の実態調査が1986（昭和61）年8月までになされ、痴呆性老人に関する科学的知見が充分でないこと、施設介護についても介護方法や介護技術が不十分であることを指摘している。在宅介護においても、家族の知識不足などから当事者の症状を悪化させてしまうこともある。さらには、在宅の主たる介護者が女性である点についても触れ、

表1　痴呆性老人対策の推進

痴呆性老人対策の推進	
調査研究の推進と予防体制の整備	アルツハイマー型痴呆の原因究明等の重点研究
	国際研究協力、民間活力の活用等の推進
	医療・介護ニーズの把握等
	脳卒中の半減
介護家族に対する支援方策の拡充	相談体制の強化
	デイサービス、ショートステイ事業の拡充
	デイ・ケア等の拡充
	その他の在宅介護施策
	初老期痴呆対策
施設対策の推進	施設処遇の基本的な考え方
	痴呆性老人専門治療病棟の整備
	その他の施設
	国立療養所モデル事業の実施
	診療報酬の見直し等
	初老期痴呆対策
その他	専門職に対する研修
	痴呆性老人対策の総合的推進
	普及啓発の推進等

出典：厚生労働省「痴呆性老人対策推進本部報告」より筆者作成

「女性の社会進出の増加等により、在宅介護と勤務等との調整の問題が一層浮き彫りになっている（1987：98）」と書かれている。この推進計画の実行期限は明確にされていないが、1989（平成元）年には、老人性痴呆疾患センターが創設されるなど確実に施策は動き出した。

（2）1990年代の施策動向

認知症高齢者は、なじみの空間で生活することによって安心できると言われる。当事者にとってのなじみの空間とは、自宅であり地域である。可能な限り住み慣れた地域で生活したいという当事者の思いを実現するための介護とはどうあればいいかという視点、そのためには大規模収容的な施設介護からの脱却が必要だという医療や福祉関係者の思いによって、グループホームが誕生した。この当時は当然のことながら行政による支援などなく、開設者の理念とそれに賛同する仲間によって無認可運営された。1986（昭和61）年に青森県のグループホーム、1991（平成3）年に福岡県の宅老所、1993（平成5）年には富山県デイケアハウスというように、少しずつ認知されるようになった。

それらの活動が功を奏し、国は1995（平成7）年にモデル事業を実施した。グループホームにおいては、当事者の周辺症状の減少や病気の進行を穏やかにさせるなどの効果が認められたことにより、1997（平成9）年に痴呆対応型老人共同生活援助事業（グループホーム）として、新たに老人福祉法の制度として位置づけられた。

（3）2000年代の施策動向

介護の社会化を掲げた2000（平成12）年4月より介護保険制度がスタートした。要介護状態となっても、可能な限り自宅で自立した日常生活を送ることができることをめざしている。そのためにも、在宅介護の基盤

整備を進めるとともに、新たな介護のあり方を提案するなどの取り組みが始まった。

2003（平成15）年に高齢介護研究会は、団塊の世代が高齢者となる2015年をめざし「2015年の高齢者介護〜高齢者の尊厳を支えるケアの確立に向けて〜」をまとめた。この報告書「新しいケアモデルの確立」の中で「痴呆性高齢者ケア」を新しいケアモデルとして、「痴呆性高齢者ケアの普遍化」を掲げた。さらに、「地域での早期発見、支援の仕組み」を構築する必要性についても述べている。

2004（平成16）年には、「痴呆」が「認知症」へと用語変更された。「痴呆」という言葉にはネガティブなイメージが強く、侮蔑的な烙印を押すことにもつながってきた。そのような社会に存在する意識を変革し偏見や誤解を無くすため、厚生労働省では普及啓発のために2005年度を「認知症を知る1年」と位置づけた。

さらに、認知症になっても安心して暮らせる町づくりを市民の手で展開するために、「認知症を知り地域をつくる10カ年」のキャンペーンを実施した。このキャンペーンでは主な取り組みとして、

①認知症サポーター100万人キャラバン
②「認知症でもだいじょうぶ町づくり」キャンペーン
③認知症の人「本人ネットワーク支援」
④認知症の人や家族の力を活かしたケアマネジメントの推進

の4つが掲げられた。

このキャンペーンが、オレンジリングのルーツとなる。オレンジリングとは、「認知症サポーター」として養成講座を受講した証のリストバンドで、オレンジ色には「手助けします」という思いが込められているとされる（表2）。現在このキャンペーンは、アジア圏にも輸出されるほどになっている。全国キャラバン・メイト連絡協議会発表によると、

認知症サポーター数は 2016 年 3 月 31 日現在で、合計 750 万 3,883 人である。

表2　認知症サポーターに期待されること

認知症サポーターに期待されること
1　認知症に対して正しく理解し、偏見をもたない。
2　認知症の人や家族に対して温かい目で見守る。
3　近隣の認知症の人や家族に対して、自分なりにできる簡単なことから実践する。
4　地域でできることを探し、相互扶助・協力・連携、ネットワークをつくる。
5　まちづくりを担う地域のリーダーとして活躍する。

出典：厚生労働省「認知症サポーターキャラバン」より
http://www.mhlw.go.jp/stf/seisakunitsuite/bunya/0000089508.html

2 認知症施策推進5か年計画（オレンジプラン）

　2012（平成 24）年 6 月 18 日に厚生労働省認知症施策検討プロジェクトチームが、「今後の認知症施策の方向性について」を公表した。ここでは、過去 10 年間になされた認知症施策の再検証と今後の目指すべき方向性について記されている。これを踏まえ、認知症高齢者数の将来推計なども鑑みながら、2013（平成 25）年度から 2017（平成 29）年度までの認知症に関する計画として、「認知症施策推進5か年計画（オレンジプラン）」が策定された。そこでは、今後取り組むべき方向性を「7つの視点からの取組」としてまとめられている（表3）。これまでは認知症になると施設や病院といった流れがあったが、「認知症の人の意思が尊重され、できる限り住み慣れた地域のよい環境で自分らしく暮らし続けることができる社会の実現を目指す」ことができるように、認知症の状態に応じた適切なサービスが提供できるような流れを構築するこ

とを目標とした。

表3　7つの視点からの取組

7つの視点からの取組	具体的な対応策
1．標準的な認知症ケアパスの作成・普及	①認知症の症状に応じた適切なサービスの提供
2．早期診断・早期対応	①かかりつけ医の認知症対応力の向上
	②「認知症初期集中支援チーム」の設置
	③アセスメントのための簡便なツールの検討・普及
	④早期診断等を担う「身近型認知症疾患医療センター」の整備
	⑤認知症の人の適切なケアプラン作成のための体制の整備
3．地域での生活を支える医療サービスの構築	①「認知症の薬物療法に関するガイドライン」の策定
	②一般病院での認知症の人の手術、処置等の実施の確保
	③一般病院での認知症対応力の向上
	④精神科病院に入院が必要な状態像の明確化
	⑤精神科病院からの円滑な退院・在宅復帰の支援
4．地域での生活を支える介護サービスの構築	①医療・介護サービスの円滑な連携と認知症施策の推進
	②認知症にふさわしい介護サービスの整備
	③地域の認知症ケアの拠点としての「グループホーム」の活用の推進
	④行動・心理症状等が原因で在宅生活が困難となった場合の介護保険施設等での対応
	⑤介護保険施設等での認知症対応力の向上
5．地域での日常生活・家族の支援の強化	①認知症に対する介護予防の推進
	②「認知症地域支援推進員」の設置の推進
	③地域で認知症の人を支える互助組織等の活動への支援
	④「認知症サポーターキャラバン」の継続的な実施
	⑤高齢者の虐待防止などの権利擁護の取組の推進
	⑥市民後見人の育成と活動支援
	⑦家族に対する支援
6．若年性認知症施策の強化	①若年性認知症支援のハンドブック作成
	②若年性認知症の人の居場所づくり
	③若年性認知症の人のニーズ把握等の取組の推進
	④若年性認知症の人の就労等の支援
7．医療・介護サービスを担う人材の育成	①「認知症ライフサポートモデル」の策定
	②認知症ケアに携わる医療、介護従事者に対する研修の充実
	③介護従事者への研修の実施
	④医療従事者への研修の実施

出典：厚生労働省「今後の認知症施策の方向性について」より筆者作成

3 認知症施策推進総合戦略（新オレンジプラン）

（1）新オレンジプラン7つの柱への経緯

　2013（平成25）年12月11日にイギリスで「G8認知症サミット」が開催された。これはデーヴィッド・キャメロン首相によるリーダーシップのもと、認知症についての話し合いがサミットの中で初めてなされたものである。ここで認知症に関する各国の取組の紹介と意見交換により、世界共通の課題として認知症対策についての宣言と共同声明にG8が合意した。その後、2014（平成26）年11月5日から3日間、認知症サミット日本後継イベントが開催され、その席上において安倍首相が、

　　　認知症の方が安心して暮らせる社会を実現することは、今や世界共通の課題ですが、最速で高齢化が進む我が国こそ、社会を挙げた取組のモデルを示していかなければなりません。そこで、私は本日ここで、我が国の認知症施策を加速するための新たな戦略を策定するよう、厚生労働大臣に指示をいたします。

と挨拶した内容は、その後の認知症施策に大きな影響をもたらした。それが、2015（平成27）年1月27日に、認知症施策を国家戦略と位置づけ、関係府省庁が横断的に連携して共同策定したもので、厚生労働省から公表された「認知症施策推進総合戦略～認知症高齢者等にやさしい地域づくりに向けて～（新オレンジプラン）」である。「認知症施策推進5か年計画（オレンジプラン）」の改訂版である。オレンジプランの内容をもとにし、7つの柱に改変し、項目を追加したり目標値の引き上げがなされたりして構成されている。

> ### 認知症施策推進総合戦略（新オレンジプラン） 資料1
> ～認知症高齢者等にやさしい地域づくりに向けて～の概要
>
> - 高齢者の約4人に1人が認知症の人又はその予備群。高齢化の進展に伴い、認知症の人はさらに増加　2012（平成24）年 462万人（約7人に1人）⇒ (新) 2025（平成37）年 約700万人（約5人に1人）
> - 認知症の人を単に支えられる側と考えるのではなく、認知症の人が認知症とともによりよく生きていくことができるような環境整備が必要。
>
> **新オレンジプランの基本的考え方**
>
> 認知症の人の意思が尊重され、できる限り住み慣れた地域のよい環境で自分らしく暮らし続けることができる社会の実現を目指す。
>
> - 厚生労働省が関係府省庁（内閣官房、内閣府、警察庁、金融庁、消費者庁、総務省、法務省、文部科学省、農林水産省、経済産業省、国土交通省）と共同して策定
> - 新プランの対象期間は団塊の世代が75歳以上となる2025（平成37）年だが、数値目標は介護保険に合わせて2017（平成29）年度末等
> - 策定に当たり認知症の人やその家族など様々な関係者から幅広く意見を聴取
>
> **七つの柱**
> ①認知症への理解を深めるための普及・啓発の推進
> ②認知症の容態に応じた適時・適切な医療・介護等の提供
> ③若年性認知症施策の強化
> ④認知症の人の介護者への支援
> ⑤認知症の人を含む高齢者にやさしい地域づくりの推進
> ⑥認知症の予防法、診断法、治療法、リハビリテーションモデル、介護モデル等の研究開発及びその成果の普及の推進
> ⑦認知症の人やその家族の視点の重視

出典：厚生労働省 HP　資料1「認知症施策推進総合戦略～認知症高齢者等にやさしい地域づくりに向けて～（新オレンジプラン）」（概要）p.1 より抜粋

（2）7つの柱－その1

　社会が認知症に対する理解を深めることを目指し、全国的なキャンペーンの展開や、認知症サポーターの人数をオレンジプランから200万人上乗せし、800万人へと目標引き上げを行った。また、学校教育の中でも認知症の理解を推進するような取組みによって、普及や啓発を図っていくのである。

第2章　認知症施策推進総合戦略の概要

Ⅰ　認知症への理解を深めるための普及・啓発の推進

① 認知症の人の視点に立って認知症への社会の理解を深めるキャンペーンの実施

- 【新】認知症への社会の理解を深めるための全国的なキャンペーンを展開
  ⇒ 認知症の人が自らの言葉で語る姿等を積極的に発信

② 認知症サポーターの養成と活動の支援

- 認知症サポーターを量的に養成するだけでなく、活動の任意性を維持しながら、認知症サポーターが様々な場面で活躍してもらうことに重点を置く
- 【新】認知症サポーター養成講座を修了した者が復習も兼ねて学習する機会を設け、より上級な講座など、地域や職域の実情に応じた取組を推進

【認知症サポーターの人数】(目標引上げ)
現行プラン：2017(平成29)年度末 600万人 ⇒ 新プラン：800万人

③ 学校教育等における認知症の人を含む高齢者への理解の推進

- 学校で認知症の人を含む高齢者への理解を深めるような教育を推進
- 小・中学校で認知症サポーター養成講座を開催
- 大学等で学生がボランティアとして認知症高齢者等と関わる取組を推進

出典：厚生労働省HP　資料1「認知症施策推進総合戦略～認知症高齢者等にやさしい地域づくりに向けて～（新オレンジプラン）」（概要）p.2より抜粋

(3) 7つの柱－その2

　認知症の人が住み慣れた地域で暮らし続けるためには、切れ目なく医療や介護が提供されることが必要である。そのためには、早期診断や対応できる体制が地域で構築されなければならない。かかりつけ医が認知症に対応できるように、研修受講者数を6万人へとの目標値を引き上げたり、認知症サポート医養成研修受講者数を5,000人へと目標引上げを行った。さらに、2018（平成30）年度からすべての市町村で、認知症が疑われたり認知症を発症した初期段階から、安定した医療と介護サービスを受けることができるように認知症の人やその家族に対して支援を行う「認知症初期集中チーム」を設置するよう新たに盛り込まれた。

Ⅱ 認知症の容態に応じた適時・適切な医療・介護等の提供

【基本的考え方】
- 容態の変化に応じて医療・介護等が有機的に連携し、適時・適切に切れ目なく提供

　発症予防 → 発症初期 → 急性増悪時 → 中期 → 人生の最終段階

- 早期診断・早期対応を軸とし、妄想・うつ・徘徊等の行動・心理症状（BPSD）や身体合併症等が見られても、医療機関・介護施設等での対応が固定化されないように、最もふさわしい場所で適切なサービスが提供される循環型の仕組み

① 本人主体の医療・介護等の徹底　　② 発症予防の推進

③ 早期診断・早期対応のための体制整備
- かかりつけ医の認知症対応力向上、認知症サポート医の養成等
- 【新】歯科医師・薬剤師の認知症対応力向上
- 認知症疾患医療センター等の整備
- 認知症初期集中支援チームの設置

【かかりつけ医認知症対応力向上研修の受講者数（累計）】（目標引上げ）
　現行プラン：2017（平成29）年度末 50,000人 ⇒ 新プラン：60,000人
【認知症サポート医養成研修の受講者数（累計）】（目標引上げ）
　現行プラン：2017（平成29）年度末 4,000人 ⇒ 新プラン：5,000人
【認知症初期集中支援チームの設置市町村数】（目標引上げ）
　新プラン：2018（平成30）年度からすべての市町村で実施

④ 行動・心理症状（BPSD）や身体合併症等への適切な対応
- 医療機関・介護施設等での対応が固定化されないように、最もふさわしい場所で適切なサービスが提供される循環型の仕組みを構築
- 行動・心理症状（BPSD）への適切な対応
- 身体合併症等に対応する一般病院の医療従事者の認知症対応力向上
- 【新】看護職員の認知症対応力向上　・認知症リハビリテーションの推進

⑤ 認知症の人の生活を支える介護の提供
- 介護サービス基盤の整備
- 認知症介護の実践者⇒実践リーダー⇒指導者の研修の充実
- 【新】新任の介護職員等向けの認知症介護基礎研修（仮称）の実施

⑥ 人生の最終段階を支える医療・介護等の連携

⑦ 医療・介護等の有機的な連携の推進
- 認知症ケアパス（認知症の容態に応じた適切なサービス提供の流れ）の積極的活用
- 医療・介護関係者等の間の情報共有の推進
- 【新】⇒ 医療・介護連携のマネジメントのための情報連携ツールの例を提示
　　　地域ケア会議で認知症に関わる地域資源の共有・発掘や連携を推進
- 認知症地域支援推進員の配置、認知症ライフサポート研修の積極的活用
- 地域包括支援センターと認知症疾患医療センターとの連携の推進

【認知症地域支援推進員の人数】（目標引上げ）
　新プラン：2018（平成30）年度からすべての市町村で実施

出典：厚生労働省HP　資料1「認知症施策推進総合戦略～認知症高齢者等にやさしい地域づくりに向けて～（新オレンジプラン）」（概要）p.3～4より抜粋

（4）7つの柱－その3

　若年性認知症は、64歳以下で発症する若い世代の認知症である。高齢期の認知症とは違った課題がある。本人や周囲が何かおかしいと気づいても、なかなか受診できずに過ごす場合も多い。また、若年性認知症と診断された後の生活問題が多岐にわたる点も特徴的なことである。本人自身が会社を退職せざるを得なくなり、生活費や子どもの教育費、住宅ローンなど家計の問題がのしかかる。主介護者となる配偶者に、家事や収入に関することと、さらには親の介護までが一気に迫ってくるのである。

　若年性認知症の患者数は全国に約4万人であり、高齢者の認知症患者数と比較すると少ないため、政策的な遅れがある。したがって、若年性認知症を正しく理解するために普及啓発活動を進めるとともに、本人ができることをし続けられるような支援や、できる活動を活用できるような就労支援を充実させていかなければならない。

　東京都では、2012年度から東京都若年性認知症総合支援センターに「若年性認知症支援コーディネーター」を配置し、本人や家族からの相談に応じる体制を整備してきた。この「若年性認知症支援コーディネーター」について、ようやく厚生労働省では2016年度から都道府県に1人ずつ配置することを決定したのである。障害年金や成年後見制度などの申請手続きの補助なども「若年性認知症支援コーディネーター」の業務とされる。

　若年性認知症の場合、就労に関する事業主の理解が当事者や介護家族の生活に大きな影響を与える。若年性認知症の人が、社会に参加する機会を絶たれることがないよう、積極的にハローワーク等が活用されるような環境整備も急がれる。

> **Ⅲ 若年性認知症施策の強化**
> - 若年性認知症の人やその家族に支援のハンドブックを配布
> - 都道府県の相談窓口に支援関係者のネットワークの調整役を配置
> - 若年性認知症の人の居場所づくり、就労・社会参加等を支援
>
> **Ⅳ 認知症の人の介護者への支援**
>
> ① **認知症の人の介護者の負担軽減**
> - 認知症初期集中支援チーム等による早期診断・早期対応
> - 認知症カフェ等の設置
>
> 【認知症カフェ等の設置】(目標新設)
> 新プラン：2018(平成30)年度からすべての市町村に配置される認知症地域支援推進員等の企画により、地域の実情に応じ実施
>
> ② **介護者たる家族等への支援**
> - 家族向けの認知症介護教室等の普及促進
>
> ③ **介護者の負担軽減や仕事と介護の両立**
> - 介護ロボット、歩行支援機器等の開発支援
> - 仕事と介護が両立できる職場環境の整備
> (「介護離職を予防するための職場環境モデル」の普及のための研修等)

出典：厚生労働省HP　資料1「認知症施策推進総合戦略〜認知症高齢者等にやさしい地域づくりに向けて〜（新オレンジプラン）」（概要）p.5より抜粋

(5) 7つの柱－その4

　先述した若年性認知症の介護者の苦労のみならず、認知症の介護者の場合にも「老老介護」や「認認介護」の言葉が介護問題としてあげられるように、介護者は身体的にも精神的にも負担を抱えながら生活している現状である。それらの負担を軽減するとともに、介護と生活の両立ができるような支援体制を整備する必要がある。

　この点で新たなプランとして設置されたのが「認知症カフェ」である。厚生労働省の定義では、「認知症の人と家族、地域住民、専門職等の誰もが参加でき、集う場」とされている。集うことのできる場を増やしていかなければならないとして、「認知症地域支援推進員」が2018（平成

30）年までにすべての市町村に配置され、それぞれの地域に合わせた「認知症カフェ」を設置することを目標としている。

(6) 7つの柱－その5

住み慣れた地域で暮らし続けることは、多くの人の願いである。したがって、認知症の有無にかかわらず、暮らしやすい地域づくりを推進することが必要なのである。そのためには、住宅政策など環境（ハード）面と生活支援（ソフト）面が整備されなければならない。生活の基本となる住まいが確保され、地域住民のさりげない見守りの中で安心して生活できる地域が、認知症や高齢者にやさしい地域とされる。

新 Ⅴ 認知症の人を含む高齢者にやさしい地域づくりの推進

① 生活の支援（ソフト面）
- 家事支援、配食、買物弱者への宅配の提供等の支援
- 高齢者サロン等の設置の推進
- 高齢者が利用しやすい商品の開発の支援
- 新しい介護食品（スマイルケア食）を高齢者が手軽に活用できる環境整備

② 生活しやすい環境（ハード面）の整備
- 多様な高齢者向け住まいの確保
- 高齢者の生活支援を行う施設の住宅団地等への併設の促進
- バリアフリー化の推進
- 高齢者が自ら運転しなくても移動手段を確保できるよう公共交通を充実

③ 就労・社会参加支援
- 就労、地域活動、ボランティア活動等の社会参加の促進
- 若年性認知症の人が通常の事業所での雇用が困難な場合の就労継続支援（障害福祉サービス）

④ 安全確保
- 独居高齢者の安全確認や行方不明者の早期発見・保護を含めた地域での見守り体制の整備
- 高齢歩行者や運転能力の評価に応じた高齢運転者の交通安全の確保
- 詐欺などの消費者被害の防止
- 成年後見制度（特に市民後見人）や法テラスの活用促進
- 高齢者の虐待防止

6

出典：厚生労働省HP　資料1「認知症施策推進総合戦略～認知症高齢者等にやさしい地域づくりに向けて～（新オレンジプラン）」（概要）p.6より抜粋

認知症になっても社会参加ができるような仕組みづくりや、認知症の人を高齢者被害から守ったり、身元不明となった認知症の人の情報ネットワークの整備などの安全確保できる体制整備が必要である。

(7) 7つの柱－その6

現在においても、認知症は進行を遅らせることは可能でも、根本的な治療によって治すということができない病気である。認知症の病態がまだまだ解明されておらず、今後は根本治療のための薬の開発や、認知症予防の研究に取り組んでいかなければならない。

また、認知症の早期診断できる方法が開発されれば、早期リハビリにつながり、それらは「本人の意思を尊重した可能なかぎり住み慣れた地域で生活すること」を可能とすることにもつながる。情報や通信に関連する科学技術を駆使し、医療や介護サービスをつないだり、介護現場にICTやロボット技術を導入することによって介護職員の負担軽減を図ったりしようとしている。これらの研究開発が発展するために必要な力は、認知症の人たちの参加協力なのである。臨床研究に当事者の方たちの協力が得られるような支援体制を整えなければならないのだ。

(8) 7つの柱－その7

認知症の人やその家族たちは、病気の苦しみと社会の偏見に苦しみを抱えながら生活している。社会に認知症という病気への理解がもっとあれば、認知症という人を受け入れてくれる力が地域にもっとあれば、認知症の人やその家族たちの苦悩は軽減されて行くのだろう。認知症は4人に1人がかかる病気とも言われていることから、もしかしたら自分が、あるいは家族が認知症と診断される可能性もあり、もはや他人事では済まされない事態なのだ。

第2章　認知症施策推進総合戦略の概要

　まだまだ認知症医療や介護方法が研究途上にある現在、どのようにすれば認知症の人やその家族たちの辛く苦しい思いを軽減することができるのだろうか。何があれば本人も介護家族もその人らしく生活することができるのだろうか。それらを解決する方法は、当事者の人々が、当事者の言葉で語ることが重要なのだ。その言葉から社会は、認知症という病気に対する否定的イメージを払拭し、ともに地域社会で生活する環境を作り上げていかなければならない。

　これまで地域社会が経験したとこのない「認知症にやさしい地域づくり」を実現するためには、認知症の人やその家族の思いが自治体の施策に反映されるように、認知症施策の検討段階から積極的に参加できるよ

新Ⅵ　認知症の予防法、診断法、治療法、リハビリテーションモデル、介護モデル等の研究開発及びその成果の普及の推進
- 高品質・高効率なコホートを全国に展開するための研究等を推進
- 認知症の人が容易に研究に参加登録できるような仕組みを構築
- ロボット技術やICT技術を活用した機器等の開発支援・普及促進
- ビッグデータを活用して地域全体で認知症予防に取り組むスキームを開発

Ⅶ　認知症の人やその家族の視点の重視

新①　認知症の人の視点に立って認知症への社会の理解を深めるキャンペーンの実施（再掲）

新②　初期段階の認知症の人のニーズ把握や生きがい支援
- 認知症の人が必要と感じていることについて実態調査を実施
  ※ 認知症の初期の段階では、診断を受けても必ずしもまだ介護が必要な状態にはなく、むしろ本人が求める今後の生活に係る様々なサポートが十分に受けられないとの声もある。
- 認知症の人の生きがいづくりを支援する取組を推進

新③　認知症施策の企画・立案や評価への認知症の人やその家族の参画
- 認知症の人やその家族の視点を認知症施策の企画・立案や評価に反映させるための好事例の収集や方法論の研究

出典：厚生労働省HP　資料1「認知症施策推進総合戦略〜認知症高齢者等にやさしい地域づくりに向けて〜（新オレンジプラン）」（概要）p.7より抜粋

うにしなければならない。

4 やさしい地域づくり

　認知症施策推進総合戦略（新オレンジプラン）は、認知症という病気をノーマライズすることを最後に述べている。「困っている人がいれば、その人の尊厳を尊重しつつ手助けをするというコミュニティーの繋がりこそが、その基盤となるべき」とし、新オレンジプランの活動を推進することによって、将来に向けた地域再生という壮大なスケールの国家戦略なのだ。そして、この国家戦略は世界共通の課題に対し、わが国は取組みのモデルとして先陣を切って行かなければならないのである。

資料
厚生省「痴呆性老人対策推進本部報告」痴呆性老人対策推進本部　昭和62年8月26日
http://www.ipss.go.jp/publication/j/shiryou/no.13/data/shiryou/syakaifukushi/322.pdf（2016.4.12）
厚生労働省　高齢介護研究会（2003）「2015年の高齢者介護～高齢者の尊厳を支えるケアの確立に向けて～」http://www.mhlw.go.jp/topics/kaigo/kentou/15kourei/3.html（2016.4.12）
　補論3　痴呆性高齢者ケアについて http://www.mhlw.go.jp/topics/kaigo/kentou/15kourei/3c.html（2016.4.12）
厚生労働省「認知症を知り地域をつくる10カ年」の構想 http://www.mhlw.go.jp/topics/kaigo/dementia/c01.html（2016.4.16）
厚生労働省「今後の認知症施策の方向性について」平成24年6月18日
http://www.mhlw.go.jp/topics/kaigo/dementia/dl/houkousei-02.pdf

（2016.4.16）

厚生労働省「認知症施策推進総合戦略～認知症高齢者等にやさしい地域づくりに向けて～（新オレンジプラン）」平成 27 年 1 月 27 日 http://www.mhlw.go.jp/file/04-Houdouhappyou-12304500-Roukenkyoku-Ninchishougyakutaiboushitaisakusuishinshitsu/02_1.pdf（2016.4.16）

厚生労働省「G8 認知症サミットで宣言並びに共同声明に合意」平成 25 年 12 月 26 日

http://www.mhlw.go.jp/stf/houdou/0000033640.html（2016.4.16）

第3章 地域包括ケアとかかりつけ医 〜早期発見・早期対応

1 地域包括ケアシステムとは

　高齢者が一人一人のニーズにあったサービスを受け可能な限り住み慣れた自宅や地域で安心して自立した生活が続けられるように、医療・介護・予防・住まい・生活支援など、地域から包括的な支援やサービス提供する体制である。

　地域包括ケアシステムという概念は、公立みつぎ総合病院の山口昇医師が広島県御調町（当時）での医療福祉の連携について述べた概念が始まりである。脳卒中などの後遺症患者が自宅へ戻るときに治療と生活支援が一体となることが必要であると考えたことから始まったものだ。

　地域包括ケアシステムの姿として、次の6点があげられる。

①地域包括支援センターやケアマネジャーが核になり概ね30分以内に必要なサービスが受けられるような体制づくり。

②本人のニーズに合った住居環境。

③生活支援・介護予防の利用さらに老人クラブ・自治会・ボランティア・NPOの利用により元気に暮らせるように支援を受ける。

④在宅で自立生活が継続できるよう、在宅系サービス、介護予防サービスを受ける。

⑤在宅生活が困難になり常に介護が必要になったときは、施設・居住系サービスを受ける。

⑥かかりつけ医に通院しているうちに入院が必要になったときはかかりつけ医と病院が連携をとる。退院後リハビリが必要であればリハビリ病院へ転院し在宅生活に再び戻れるように準備をする。

以上のように、重度な介護状態となっても住み慣れた地域で自分らしい暮らしを最期までつづけることができるよう、住まい・医療・介護・予防・生活支援が一体的に提供されるのがこの地域包括ケアシステムである（図1）。

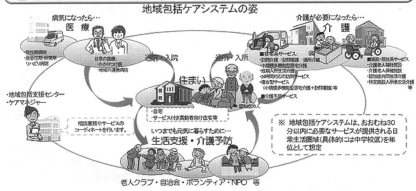

図1：地域包括ケアシステム

出典：「持続可能な介護保険制度及び地域包括ケアシステムのあり方に関する調査研究事業報告書」

厚生労働省では、地域包括ケアシステムを実現させるためには、「住まい・医療・介護・予防・生活支援」の5つの要素が一体的に提供されることが大切だと述べている。5つの要素は、地域包括ケア研究会によって「植木鉢」に例えられ、それぞれ次のように説明されている（図2）。

（1）すまいとすまい方

植木鉢に位置する「すまいとすまい方」は、生活基盤を指している。つまり、住む場所のことである。人間の生活において住居が確保されていることが基本である。地域包括ケアシステムにおいては、早めの住み替えなども視野に入れ、どのように住まうかという点まで視野に入れる必要性を説いている。

（2）生活支援・福祉サービス

植木鉢の中にある土壌は、「生活支援・福祉サービス」を指している。土が養分を含んでいることが、植物が生長するために欠かせないことである。地域包括ケアシステムは、その人が住みなれた地域に暮らし続けられるように、各サービスが整備された土壌がなければ実現しないのである。

サービスとしては、公的介護保険サービスのみならず、NPO法人や民間企業などの有償ボランティアによる生活支援サービスも該当する。また、近隣住民による見守りや声かけなども含んでいる。それらが、一体的に提供されるような地域基盤が構築されなければならない。

（3）医療・看護

高齢者の多くは、1人でいくつもの病気を抱えていることが多い。病気があっても住み慣れた地域で暮らしていくことを実現するためには、

医療による治療のみならず、日常生活を安心して送るためにも看護の視点が必要である。看護が在宅生活の医療面をサポートするような仕組みがますます望まれる。

(4) 介護・リハビリテーション

要介護状態をの場合には、日常生活支援を公的な介護保険サービスによる支援を受けるながら生活の継続が図られる。さらに、自立した生活ができるようにリハビリの視点が重要であり、リハビリによって要介護状態を改善できるようになれば、いつまでも住み慣れた地域で暮らすことが実現できるのである。

(5) 保健・予防

高齢者と言っても地域には元気なシニアも多い。団塊の世代の人たちが要介護状態にならないように、日々の生活において介護予防に努めることが、いつまでも自立した生活を送ることに必要なことである。高齢者の社会参加を歓迎し、元気なシニアが地域包括ケアシステムを支える側になっていくことも望まれる。

(6) 植木鉢の受け皿

5つの要素である植木鉢には受け皿の「本人・家族の選択と心構え」がある。これは、誰もが迎える死について、家族のみならず本人もしっかりと考えることを提案している。人生の最期をどのように自分は過ごしたいのか、本人の意思を尊重した最期をどのように家族は送るのかなどについて、共有できるようにしていくことが今後大切である。

出典：平成25年3月 地域包括ケア研究会報告書
図2：5つの構成要素

【事例にみる5つの構成要素】
　夫の介護をしてきたAさん80歳は昨年夫を亡くした。一人暮らしになったが生まれ育ったこの地を仲のよい友達もいるので離れたくない。子どもは遠方にいて月に何度か電話をくれる。
　かかりつけ医で毎年受けている健診で貧血がみつかり、精密検査をした結果胃がんと診断された。自宅から近くの大学病院に入院し手術し順調に回復していたが高齢のためやはり足の筋力が弱り入院中に転倒し、脚を骨折し手術をした。大学病院からリハビリ病院へ転院し計約2か月の入院生活となったが無事退院のめどがたった。介護保険を利用するため介護保険の申請をし要介護1と認定された。

① すまいとすまい方

　築 40 年の A さんの家は、室内は段差も多く浴室も滑りやすい。再び骨折をしない為にも自宅に手すりをつけた。浴室には椅子も設置し体を洗うのも楽になった。介護保険で利用できるサービスで自宅を改修していくことにした。

② 生活支援・福祉サービス

　退院後食事を 1 人で作るのも大変なのでお弁当を週 2 回利用することにした。近隣のスーパーが電話注文で配達することも知って安心した。地域のボランティアにゴミ捨てもお願いできた。

③ 医療・看護

　通院はまだできないがかかりつけ医が訪問診療をしてくれることになった。訪問看護師が週 1 回来て血圧測定や内服薬をみてくれる。具合が悪くなったときは連絡をすれば看護師が来てくれるので心強い。

④ 介護・リハビリテーション

　前のように元気に歩きたいのでリハビリを始めた。
　室内歩行も次第に自信をもってでき来月からは外出リハビリもやる予定だ。1 人で食事を作ると偏ってしまうのでヘルパーと相談しながら食事を作ることにした。おしゃべりしながらの食事作りは楽しい。

⑤ 保健・予防

　リハビリも軌道にのり、1 人で外出することも怖くなくなった。地域の老人会に参加して寝たきり予防体操や認知症講座をうけた。老人会には介護保険サービスを利用していない元気な人もいた。その中の 1 人が

デパートまで買い物に一緒にいってくれて楽しい時間を過ごせた。

⑥　植木鉢の受け皿

　退院してから1年がたちAさんは、老人会の会計係を引き受けた。そこで知り合った人に何度も助けられた。生まれ育ったこの地で周囲の人たちに見守られながら最期を迎えたいと思うようになった。できる限り一人暮らしを続けたい。子どもたちも賛成してくれた。

2 早期発見・早期対処の事例〜ある夫婦の出来事〜

　妻Kさん（80歳）、夫Hさん（介護者83歳）
　Hさんは、猛烈社員で転勤族だった。金融関係の仕事をしていたため、春になり新しい職場が決まると1人だけ先に勤務先に出向き、家のことは一切合財妻のKさんに任せきりだった。
　60歳になり定年をむかえ、これからは夫婦揃って旅行にいったり悠悠自適だなと密かに思っていた。
　生まれ故郷のE県の自宅を処分し、子どものいる東京に新築マンションを買い転居して数年がたった。
　妻のKさんは、良妻賢母という看板をしょっているような人で、夫のいうことには全て従ってきた。住み馴れた家の売却も夫のいう通りにした。
　慣れない東京生活も、転勤族だったから今度も妻は大丈夫だと思っていたHさんだった。マンション暮らしにも慣れ、同じマンションに住む子どもたちとも時には食事をともにし、予定通りの生活が穏やかに過ぎていった。
　そんな中で、何かが変わり始めていた。

第3章 地域包括ケアとかかりつけ医～早期発見・早期対応

「最近同じものが冷蔵庫にあるな」と夫のHさんは思っていたが、さして気にとめずにいた。

「何となくぼんやりしているな」と感じたけれど、でもおとなしい妻だからそれも気にせずにいた。

こうして2年がたった。冷蔵庫には豆腐が10丁もつめこんであった。パック入りの肉も、冷凍庫や冷蔵庫にまでギュウギュウに入っていた。

外出時、ハンドバッグの中を何度となく「財布がないわ……」と探すようになり、通帳を探し回ることもあった。

何となくぼんやりするようになり、趣味の手芸をやらなくなっていた。掃除も毎日きっちりやっていたが部屋の隅に埃がたまるようになっていた。

夫のいうことに逆らったことのないKさんだったが、2年前から何となく怒りっぽくなっていた。

お洒落だったKさんが、同じものを着たり、色や柄が合わないものを着るようになっていた。

電話がかかってきたこと自体を忘れたこともあった。

「私何だか頭が変になったわ」と、夫のHさんに何度となく言ったそうだが、夫のHさんは「そりゃあ、年だろう」と受け流していたそうだ。

夫のHさんが外出すると、寂しそうに不安そうにみえたのもこの頃である。

長らく使っていた洗濯機が壊れ、新品の全自動洗濯機が届いたときも、何度説明しても覚えられなかった。「機械音痴の妻だから仕方がないか」と思っていた夫のHさんだった。

3 早期発見はいかに

　家族が何となく前と変わっているなと思って2年、ということはよくある。同じ品物がびっくりするほど冷蔵庫に買ってあったと診察室でよく話題になる。
　日常生活の中で「あれ？」と思うことに、どのくらい意識をもてるかもポイントなのだ。「いつもと違う！」ここが早期発見のポイントである。
　MCI（Mild Cognitive Impairment：軽度認知障害）は、4年後に50％の人が認知症を発症すると言われている。早い段階で発見され、適切な対応、治療等で40％くらいはよい状態を維持できると言われている。
　ここで公益社団法人認知症の人と家族の会のホームページより家族が作った「認知症」早期発見の20のめやすを引用してみた。
　家族のこうした心配を相談された側もきちんと受け止め、「それは年のせいですよ」と言わずに聞く耳をもつことが大切である。「年だから」とは、何の根拠もないからである。
　還暦を過ぎる頃から「お母さん、それ聞いたよ」と言われることはよくあることで、誰かに指摘されれば覚えがまだある場合には、物忘れの類である。しかし、話をしたという体験自体を忘れてしまっている場合には、早めに病院へ行くことを薦める「病院へ行こう」と思うのは家族が思うことであって、本人はしぶしぶ行くか、あるいは「病院なんか行く必要なし」と断固言われる人も多い。特に男性が多いように医師の立場である筆者は感じている。
　受診拒否、介護拒否、入浴拒否など、話し言葉に最近は拒否という言い方が横行している。これらは嫌な響きである。医療も介護する側も、

表1 「認知症」早期発見の20のめやす

「認知症」早期発見のめやす	
物忘れがひどい	□ 1 今切ったばかりなのに、電話の相手の名前を忘れる
	□ 2 同じことを何度も言う・問う・する
	□ 3 しまい忘れ置き忘れが増え、いつも探し物をしている
	□ 4 財布・通帳・衣類などを盗まれたと人を疑う
判断・理解力が衰える	□ 5 料理・片付け・計算・運転などのミスが多くなった
	□ 6 新しいことが覚えられない
	□ 7 話のつじつまが合わない
	□ 8 テレビ番組の内容が理解できなくなった
時間・場所がわからない	□ 9 約束の日時や場所を間違えるようになった
	□ 10 慣れた道でも迷うことがある
人柄が変わる	□ 11 些細なことで怒りっぽくなった
	□ 12 周りへの気づかいがなくなり頑固になった
	□ 13 自分の失敗を人のせいにする
	□ 14 「このごろ様子がおかしい」と周囲から言われた
不安感が強い	□ 15 ひとりになると怖がったり寂しがったりする
	□ 16 外出時、持ち物を何度も確かめる
	□ 17 「頭が変になった」と本人が訴える
意欲がなくなる	□ 18 下着を替えず、身だしなみを構わなくなった
	□ 19 趣味や好きなテレビ番組に興味を示さなくなった
	□ 20 ふさぎ込んで何をするのも億劫がりいやがる

出典：公益社団法人認知症の人と家族の会作成

プライドを大切に、目上の方として丁寧な言葉遣いをしたい。人の第一印象は最初の数秒で決まるのである。

「年とれば誰だって忘れるさ」「俺はまだまだ大丈夫だ」と自信をもっている人はとても多い。そのような人に、ここで拒否する人というレッテルを貼ってはいけないのだ。拒否するからと真正面から対決姿勢にな

れば、家族の思いは木端微塵になり、家族の関係性が険悪になっていく。認知症の治療は笑顔とともに実践しないと症状が悪化していくのだ。

　同じことを何度も何度も言われ、疲弊している家族もいるが、「さっき言ったでしょ!!!」はなるべく避けたい。なぜなら認知症の人は、記憶力に自信を失っている人や記憶低下への不安を抱えている人が多い。認知症の人のプライドを傷つけるような接し方は、記憶力をますます低下させてしまうことになる。介護者との関係性が悪化すると病状も悪化してしまうからだ。

　どうしても受診が無理なら、往診してくれる医師に相談してみるとよい。「区役所から来ました。高齢者の方の健診です。」と、往診医が玄関先で言ってみたら、何とか診察ができたこともある。「行政から」というと、高齢者は案外自宅に入れてくれるものだ。

　もし「健診を受けてもよい」というふうに気持ちが軟化してきたら、区の健診を受ける手筈を整えて、受診した際に「物忘れのチェック」も一緒にしてもらうよう根回ししてみよう。

　何度でもあきらめないこと、そして笑顔を添えてトライしてみることが家族にとってポイントとなるのだ。

4 早期対処

　事例から、早期対処について考えてみたい。

　豆腐と肉だらけの冷蔵庫をみてHさんは「これはいかん」と思い、認知症専門の開業医に2人で受診した。問診と頭部MRIから「アルツハイマー型認知症」と診断された。

　1か月おきに薬を貰いに2人で通った。主治医は「変わりありませんね、ではお薬処方しておきますから」というだけで、5分もかからない診察

が何年か続いた。

「なんか違うな」と夫のHさんは、思いはじめた。「薬だけでいいのか？」「何か他の治療はないだろうか」「私の気持ちだって聞いて欲しい」そんな思いを夫のHさんは抱えていた。

（1）どこに相談するか

相談窓口としては「地域包括支援センター」が頼りになる。地域包括支援センターは、自治体によって名称が違うこともあり、例えば世田谷区では「あんしんすこやかセンター（別名：あんすこ）」となっている。

早期対処の心がけを以下にあげる。

①かかりつけ医がいれば、最近の物忘れの状態を相談する。あるいは近隣の物忘れ外来を受診する。

②脳の精密検査を希望する時は、かかりつけ医あるいは物忘れ外来の医師に伝える。脳の精密検査をするときには病院宛に紹介状を書いてもらい予約する。

③約1か月以内に病院で精密検査が終わるので、地域の開業医で内服治療継続の指示が病院よりでる。

④かかりつけ医あるいは物忘れ外来で、その後の治療を受ける。家族が困っていること、病状の変化について外来受診時に担当医に相談する。

事例の夫のHさんの場合には、近くの「あんすこ」に行き、物忘れ外来の医師を紹介してもらったのである。

受診時、介護保険申請もすぐに担当医に依頼し、約1か月後に要介護1と判定された。この時点ではまだ「自宅で人の手を借りずに自分がみていこう！」と、夫のHさんは決意していた。

大勢の外来診療の中で、「家族の気持ちまでフォローすること」は、医師も大切だと思っていてもなかなか難しいテーマである。

　夫のHさんは妻の介護をする中で、最近妻に対して大きな声をあげ、ちょっとしたことで怒鳴りそうになる自分に気づいた。子どもたちとも相談し、「あんすこ」に行き、家族フォローも重視する医師を紹介してもらったのだ。

　妻のKさんの診察が終わると、そのまま看護師がKさんの手をひき、奥の部屋に誘導していく。体重を測ったり、妻のKさんと世間話をしているようだった。夫のHさんは通院のその間に、近況報告や困りごとを相談して帰宅するようになった。

　デイサービスの利用もケアマネジャーからすすめられ何か所か見学して、妻のKさんの趣味の手芸をやっている所を選んだ。その結果、夫のHさんは夕方までの自分の時間をもてるようになったので、介護疲れが少し楽になったのである。

　少しデイサービスに慣れてきたら、ショートステイも医師はすすめてくれた。「ゆっくり眠れるときも必要ですよ」と言う医師の言葉に背中を押されるように、思い切ってショートステイを利用してみた。何年ぶりかに1人で大の字になって、そして一度もオムツのことを気にすることなく眠れたのである。

（2）在宅介護はいつまでなのか

　診断されて3年経った頃、妻のKさんは家事ができなくなった。2人で買い物に行き、調理するのは夫のHさんとなった。Hさんは、小学校3年生の頃に病気で母親を亡くし家事を一切合財やっていた人である。早朝に起き洗濯し、父親と弟の弁当も作った。「この年になってそれが役にたつとは……」と思いながら、物忘れが進行し、食事の支度も

第3章 地域包括ケアとかかりつけ医～早期発見・早期対応

できなくなっていく妻を介護する。思い描いていた老後の風景が灰色になっていった。

妻のオムツの世話や、夫のHさんも足の筋肉がおちて電車に乗って通う外来を思うと、疲労を感ずるようになった。通院もそろそろ無理だと思った夫のHさんは、主治医に相談し、月に2回の医師が自宅に来てくれる訪問診療を受けることにした。

通院がなくなりほっとしたのもつかの間、夫のHさんは体の痛みに悩まされるようになった。左の肩が痛くて手があがらず、突然「遠山の金さん」のように左肩全体、左腕まで桜吹雪のごとくアザがでたこともあった。病院にいっても原因が分からなかったのである。

この頃妻のKさんは、トイレに誘導しても便座に座るということが分からなくなっていた。食事もテーブルにセットしてもぼんやりと見てにっこり笑い、夫のHさんがほぼ食べさせないといけない状態になっていた。妻のKさんは室内で転ぶことも増え、夫のHさんは痛む左肩をかばいながらの介護生活であった。

夫のHさんは、左肩の痛み止めを整形外科医の言う通り内服して、ベッドで休んでいるうちに寝入ってしまったこともあった。デイサービスのスタッフが玄関チャイムを鳴らしても、自宅・携帯電話にかけても応答なしだった。デイサービスから帰った妻のKさんの出迎えもせず眠ってしまったのである。

「どうしました」と夫のHさんの顔を覗き込むセキュリティ会社の男性の声に飛び起き、ようやく目が覚めたのだった。

それでも夫のHさんは、まだまだ頑張ろうと思っていた。「いやぁ、先生困りました」と訪問した医師をリビングにつれて行き、指差す先には、ひっくり返った亀のように床に転がった妻のKさんの姿があった。

「何とか起こそうと思いましたが、いやはやもう左肩がいとうて

……。」
　床にバスタオルを敷き、夫のHさんは医師と2人で何とか妻のKさんをベッドまで運んだ。
「先生、特養にいれるのはいつ頃がいいでしょうかね、私は家族の顔が分からなくなったらと思っておるんですが。」
　言葉を選びながら医師は言った。
「もう、お分かりになっていないと思いますよ。」
「先生はそう思いますか……まだ少しは分かると思っておりました。」
　医者の眼差しはそうではないと言っていた。

（3）介護家族としての生活とは

　これまでに夫のHさんは、介護保険の勉強を独学でしてケアマネジャーの算定ミスを指摘するまでになっていた。担当者会議でも夫のHさんは、ケアマネジャーの采配ぶりをみて変更したこともあった。3月の確定申告のときは、医療費控除のために猛勉強をして区役所とかけあうこともあった。
　3週間ほどして妻のKさんの特養の入居が決まった。デイサービス、ショートステイを計画的に利用し、入所に必要なポイントが十分あったからだ。
　夫のHさんは妻の特養入所に際して、区役所に住所変更は必要かと聞きに行くと、「だって入ったら帰ってこないでしょ、移しますよ大抵。」と窓口で言われ、しみじみと「もう帰らない人になった」と嗚咽しそうになった。
　それから数か月後、夫のHさんに前立腺がんが見つかった。高齢者検診で大腸検査を担当してくれた医師が、腹部エコーを合わせて実施してくれたことで、早期の前立腺がんが発見されたのだった。

第3章 地域包括ケアとかかりつけ医〜早期発見・早期対応

　幸いなことに前立腺がんの手術は経過順調であり、病院の医師からも半年に1回の通院でよいと言われた。Hさんは妻のKさんのいる特養に、毎週日曜ごとに通っている。

　80歳代の夫のHさんのようにインターネットを駆使し、役所や「あんすこ」ケアマネジャーとタイアップしながら在宅介護できた人は、とても稀な存在である。

　夫のHさんは、マンション管理組合の会計係もかってでて、住民同士の交流を担う役割も果たしている。前職が大いに役立っていた。

　夫のHさんは特養にいる妻のKさんの病状もつぶさに観察し、特養からの連絡事項もきっちり把握している。認知症治療薬が家族の承諾なくジェネリックに変更されたときも、夫のHさんは速攻で特養に確認しに行った。

　現在夫のHさんは要支援1である。介護予防でリハビリ体操に参加している。一人暮らしになっても家事をこなし、認知症予防のためと低糖質食を心掛け、料理のレシピを作ってマンション住民に配布している。認知症カフェが開催されると欠かさず参加し、そこでも交友関係を広げている。認知症カフェでは、「介護と確定申告」というテーマで1時間半の講義をして大好評であった。テーマ毎の資料も全てパソコンで作成されていた。Hさんに大きな拍手を送りたい！

　この事例は、夫のHさんが認知症と診断されてから自分でも勉強し社会資源を非常に上手く使った例である。多くの例は、まず認知症であるかもしれない時、家族もなかなか病院へ行こう！とエンジンがかからない。「言われてみれば2年くらい前から何だか違っていた」と診察室で言われることがまだまだ多い。本人も病院へは敷居がたかく「私は認知症なんかじゃないから」と断固受診されないことも多い。ここで受診拒否という言葉は使わないようにしたい。拒否は医療側からの一方的な

見方であるので、プライドを尊重すれば当然でてこない言葉である。住み馴れた自宅で少しでも長くいたい、それが本人と家族の願いである。

5 早期発見・早期対応

(1) 受診の仕方

　本人・家族は日常生活で記憶が気になったら事前に予約をして病院を受診をする。問診票があれば記入して受診前に連絡しておく。必ず本人とは別に介護者の話を伝える。精密検査もあらかじめ希望有無を決めておく。本人ともよく話し合っておくとスムーズにいく。病院受診が難しいときは地域包括支援センターに相談して糸口をみつける。

(2) 介護保険サービスを利用する

　色々な介護サービスの検討をする。そのためには介護保険申請を申請する。介護保険申請をするときは、かかりつけ医や物忘れ外来の医師に事前に連絡する。主治医意見書は、日常生活について詳細に記入する必要がある。困った症状も詳細に伝える。食欲の有無、杖・車いす使用有無手足の麻痺や筋力低下、身長体重、体重の変動など細かい内容が意見書には記載する必要がある。病状や現在の問題点、介護サービスで改善できる点など詳細に記載してもらう必要がある。その記載に不備があると介護認定が適正でなくなる可能性がある。

　介護認定がおりていれば、介護度によって利用できるサービスを自分たちで選んだケアマネジャーにケアプランをたててもらう。デイサービスの利用も家族が気にいっても本人が気にいらなければ元も子もない。本人が気にいって通所すると見違えるように元気になっていく。

(3) 認知症薬

　診断がつき認知症の内服薬の検討がなされる。介護者は処方された薬の副作用（怒りっぽい、不眠、食欲低下、ふらつき、便秘・下痢など）について十分観察をする。高齢で種々の病気をいくつももっている人は副作用がでやすい。認知症の薬は脳以外にも心臓にも作用するので失神など徐脈などにも十分に気をつけたい。いつもと違うこと、それを見逃さずに医師に報告する。高齢者は内臓の働きも低下しているので薬も過量になる時もある。

(4) 地域での協力

　認知症の人は予期しないこと（徘徊、財布も持たず買い物、同じものを何度も買うなど）をすることがあるので、近隣の人や商店、金融機関にも声をかけておく。地域で守っていく体制が在宅生活を継続するコツである。予期しないと思うのは、本人以外が思うことであって、本人には意味があってやることであり、周囲がそれらを理解することから始まる。そして寄り添うことでいわゆる問題行動が軽減し、そしてなくなっていく。

(5) 介護者支援

　介護者の疲労は周囲が思っている以上に辛いものなので声かけをする。傾聴するだけでいい。認知症の家族会にも参加してみる。

　介護者が自分のための時間をもつためにもショートステイの利用をする。笑顔のうすれた介護者の様子は本人にダイレクトに伝わり、意欲が落ちていく。認知症がどんなに進行していても五感はずっとあり察知能力はより繊細になっていく。

　ショートステイ利用をしている家族は、知らない場所においやって罪

悪感を感じる……と言っていた。また別の家族は行くまでが大変で、説明してもなかなかウンと言わない。両家族とも、帰りの顔をみると楽しげでホッとすると言っている。デイサービスもショートステイ利用も最初からご本人が「それは、いいわね」と受け入れられないこともある。時間をかけて諦めずに「自分が行っても」楽しそうな所を探してみる。

　アルツハイマー型認知症のAさんについては、ショートステイ利用に「夫は絶対行かないと思います」と家族が乗り気でなかった。実際本人も「私はそういう所には行きません」ときっぱり断わった。しかし、半年後に何度か通所しはじめたら、週3回無欠勤（長年営業職であったAさんは出勤するつもりで行っていた）で朝の号令をかけていた。「私が行かないと、はじまりませんからね」とウィンクした顔は誇らしげであった。ご本人の気持ちの動きに沿って周囲が見守りを続ければ、なんとかなるのである。

（6）訪問診療の活用

　訪問診療は月1回あるいは2回など、定期的に医師が診察を自宅でしてくれることである。住み馴れた場所、見慣れた家族の元で生活をするし、今までの環境を変えないことが病状を安定させる。

　訪問診療では、血圧・体温等の測定、食欲・睡眠・便通有無、必要であれば採血・心電図・エコーそして点滴など総合的に診察をする。

　介護中は便通には注意したい。不機嫌な時は便秘をしている場合が多い。さりげなくトイレをみてみよう。布の下着から紙パンツへの移行期も難しい。介護者の意向もあるが排泄ということを再考する時期でもある。

（7）在宅介護が続けられなくなったとき

家族の悩みの中で多いのは「しものこと」である。

約5年在宅介護を続けてきたSさんは、デイサービス・ショートステイをふる活用してお孫さんも介護に協力してきた一家だった。

娘が「最近玄関でうんちするようになってしまって」とSさんの状態が変化していることを語った。家族で話あった結果、特別養護老人ホームに申込みをされたが、まだ迷っている様子だった。ところが思いのほか入所可能の知らせがきてしまい「とても複雑な気持ちです、まだ……まだ看られたかもしれない」と声を詰まらせた。

生活もあり仕事もやめる訳にもいかない、自宅にだれか1人つきっきりで介護するのも不可能だ。アルツハイマー病と診断されて約6～7年で在宅介護が続けられなくなる場合が多く、将来の行先を相談することが増えていく。

（8）住み馴れた家で最期まで

近所つきあいの体制が崩れている都会では、住み慣れた自宅で最期まで暮らし続けることはなかなか難しい。

町内会の役員も80歳代でも交代要員が見つからず続けている状態だ。30歳代や40歳代の町会への参加が非常に少ないのが嘆かわしい。

人は1人で生きているのではない。いつかは自分も物忘れをするようになって、玄関でオシッコ・うんちをするようになる可能性がある。最期まで自宅にいたいと思ったとき、介護している家族を見守り手助けし、励ますご近所さん体制があれば在宅生活の可能性もでてくる。

（9）1人で抱え込まない

早期発見も早期対応も、自分で抱え込まないことからはじまる。お

おっぴらにすることにより相談する人もみつかる。「うちもそうなのよ、おなじね」という会話から始まることもある。認知症は誰もがかかる可能性があり、地域ぐるみで介護していくことで道がひらかれる。

参考文献

1．厚生労働省資料「地域包括ケアシステムの5つの構成要素と「自助・互助・共助・公助」」
http://www.mhlw.go.jp/seisakunitsuite/bunya/hukushi_kaigo/kaigo_koureisha/chiiki-houkatsu/dl/link1-3.pdf
2．「持続可能な介護保険制度及び地域包括ケアシステムのあり方に関する調査研究事業報告書」平成25年3月
http://www.murc.jp/uploads/2013/04/koukai130423_01.pdf

第4章 訪問看護と認知症初期集中支援チーム

1 はじめに

　今後の日本では、特に大都市圏において高齢化が進展し、高齢者数の増加に伴って認知症の人がさらに増加することが見込まれており、2015（平成27）年1月に新しい「認知症施策推進総合戦略〜認知症高齢者等にやさしい地域づくりに向けて〜（新オレンジプラン）」が国から公表された。

　これは、2014（平成26）年11月に日本で開催された先進8か国（G8）認知症サミット後継イベントで、先進国の共通課題である認知症について、医療やケアの研究等における国際協力を行うことと併せ、日本においても認知症施策を省庁横断的に国家戦略として取り組むことを示したものである。

　新オレンジプランは大きく7つの柱で構成され、認知症初期集中支援チーム（以下「初期集中支援チーム」）はこのうち、2．認知症の容態に応じた適時・適切な医療・介護等の提供、と4．認知症の人の介護者への支援の柱として取り上げられ、重要な取り組みとして位置づけられている。

　初期集中支援チームが創設されるに至った背景として、①早期対応の遅れから、認知症の症状が悪化し、興奮や妄想などの行動・心理症状（BPSD）等が生じてから、相談機関につながったり医療機関を受診し

ている事例が散見される。②ケアの現場での継続的なアセスメントが不十分であり、適切な認知症のケアが提供できていない。③これまでの医療やケアは、認知症の人に「危機」が生じてからの「事後的な対応」が主眼となっていた、ことがある。

これに対して、今後目指すべき認知症ケアは、「早期支援機能」と「危機回避支援機能」を整備し、「危機」の発生を防ぐ「早期・事前的な対応」に基本を置くことが求められる。この「早期支援機能」として地域に整備されるのが、初期集中支援チームである。

初期集中支援チームは、地域での生活が維持できるような支援を、できる限り早い段階で包括的に提供するものであり、新たな認知症ケアパスの「起点」に位置づけられる。

認知症ケアパスは、認知症の容態に応じた適切なサービス提供の流れのことであり、国は、2015（平成27）年度からの各自治体の第6期介護保険事業計画の策定にあたっては、地域で作成した認知症ケアパスを踏まえて、介護サービス量の見込みを定めるよう求めている。

なお、初期集中支援チームの「初期」とは、認知症の進行における初期段階という意味だけでなく、初動（first touch）をも意味しており、「集中」は認知症の人およびその家族を訪問し、アセスメント、家族支援等を包括的・集中的（おおむね6か月）に行い、自立生活のサポートを行っ

新オレンジプランの7つの柱
① 認知症への理解を深めるための普及・啓発の推進
② 認知症の容態に応じた適時・適切な医療・介護等の提供
③ 若年性認知症施策の強化
④ 認知症の人の介護者への支援
⑤ 認知症の人を含む高齢者にやさしい地域づくりの推進
⑥ 認知症の予防法、診断法、治療法、リハビリテーションモデル、介護モデル等の研究開発及びその成果の普及の推進
⑦ 認知症の人やその家族の視点の重視

たうえで本来の医療やケアチームに引き継いでいくことを意味している。

2 初期集中支援チーム創設の経緯

　2012（平成24）年6月、これまでの認知施策を再検証し、今後目指すべき基本目標を定めた「今後の認知症施策の方向性について」が、厚生労働省認知症施策検討プロジェクトチームにより取りまとめられた。

　この報告書の中では、早期診断・早期対応の方策として初期集中支援チームの設置が挙げられ、イギリスなどで行われているメモリーサービスの例を参考に、看護師、作業療法士等の専門職からなる初期集中支援チームを地域包括支援センター等に配置し、認知症の人や家族にかかわり自立生活のサポートを行う態勢の整備に取り組むとされている。

　また、報告書では、

　「このチームは、家庭訪問を行い、生活場面で詳細な情報を収集して本人や家族への認知症の症状や病気の進行状況に沿った対応等についての説明、初期の在宅での具体的なケアの提供、家族に対するアドバイスなどを行い、一定期間、集中的に本人と家族に関わるものとされている。また、医師の参加を得て「チーム員会議」を開催し、ケア方針の決定や医療機関への紹介の有無等について検討する。なお一定期間経過後は、ケアマネジャー、介護サービス事業者、かかりつけ医等へ引き継ぐものとするが、その後も、ケアマネジャーやかかりつけ医等に対する専門的なアドバイスやサポートの役割を果たすことが期待される。」

　「イギリスの例では、高齢者人口約4万人に1チームの割合で設置が図られており、大きな成果が報告されている。国際アルツハイマー病協会の報告書（2011年）でも、先進国での今後の初期の包括的な支援体制

の構築を提言する中で、このようなチームの重要性について言及している。このため、このチームの整備について、早期に専門家からなる研究事業を立ち上げ、モデル事業に着手するとともに、今後、具体的な取組について検討を行うこととする。」とされている。

　平成24年度にすでに同様のチームが活動していた国内3か所のモデル地域の実践の結果を踏まえ、初期集中支援チームの活動スキームが検討され、平成25年度に国のモデル事業として、全国14か所の市区町村で「認知症初期集中支援チーム設置促進モデル事業」が実施された。

　モデル事業では、チーム員の養成研修を企画・実施し、次年度以降を視野に入れた研修テキストが作成されたほか、平成26年3月までに636例の訪問事例が集積された。

　平成26年度には、介護保険法に基づく地域支援事業の任意事業として、全国41市区町村で試行され、事業の有用性やコストの検証が行われている。

　平成27年度からは、「認知症初期集中支援推進事業」として地域支援事業の包括的支援事業となり、区市町村の必須事業に位置づけられた。

　平成29年度末までの移行期間を経て、平成30年度からは全国すべての市区町村で実施することとしている。

第4章 訪問看護と認知症初期集中支援チーム

3 初期集中支援チームのスキーム

認知症初期集中支援推進事業（厚生労働省ホームページ：認知症施策推進総合戦略～認知症高齢者等にやさしい地域づくりに向けて～2．認知症の容態に応じた適時・適切な医療・介護等の提供、（3）早期診断・早期対応のための体制整備＜認知症初期集中支援チームの設置＞）

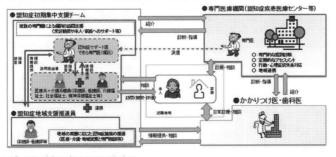

（1）認知症初期集中支援推進事業の全体像

　この事業は、新オレンジプランの重点事業であるとともに、前述したように、市区町村を実施主体として、認知症になっても本人の意思が尊重され、できる限り住み慣れた地域のよい環境で暮らし続けられるために、認知症の人やその家族に早期に関わる初期集中支援チームを配置し、早期診断・早期対応に向けた支援体制を構築することを目的としている。

専門職で構成される初期集中支援チームは、地域包括支援センターや市区町村本庁、委託事業所の法人等に配置され、家族の訴え等により認知症が疑われる人や、認知症の人及びその家族を訪問し、認知症の症状や生活上の困難の有無を評価し、家族支援などの初期の支援を、専門医療機関やかかりつけ医と連携しながら、包括的、集中的に行う。また、初期集中支援チームは、対象者にとって必要な日常の生活支援や日常診療に結びつくよう支援を行い、介護支援専門員等に引き継ぐという個別支援の初動体制をつくる役割を持つ。

　同時に、市町村においては、保健・医療・福祉に携わる関係者等から構成される「認知症初期集中支援チーム検討委員会」を設置し、初期集中支援チームの設置及び活動について検討するとともに、地域の関係機関や関係団体と一体的に事業を推進していくための合意が得られる場と

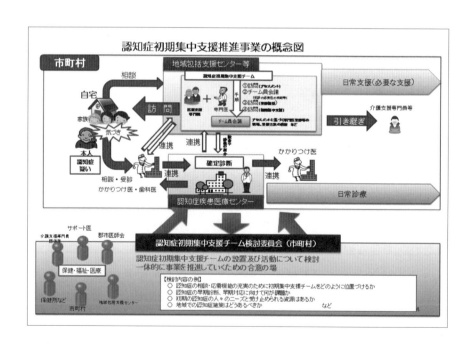

なるよう務めることとしている。

また、初期集中支援チームと医療関係者との連携を図るため、認知症疾患医療センターや地区医師会との事前協議、かかりつけ医に対する連絡票など情報共有のためのツールの作成、地域の医療・介護連携のシステムの構築を図ることも重要である。

（2）認知症初期集中支援推進事業の実施内容

〈認知症初期集中支援推進事業で実施する内容〉
① 初期集中支援チームに関する普及啓発
② 認知症初期集中支援の実施
　ア　訪問支援対象者の把握
　イ　情報収集及び観察・評価
　ウ　初回訪問時の支援
　エ　専門医を含めたチーム員会議の開催
　オ　初期集中支援の実施
　カ　引き継ぎ後のモニタリング
　キ　支援実施中の情報の共有（関係機関との連携）
③ 初期集中支援チーム検討委員会の設置

（地域支援事業要綱（平成28年1月15日老発0115第1号厚生労働省老健局）より）

① 普及啓発

認知症（疑い含む）で支援を必要とする人を、できる限り早期の段階から初期集中支援チームにつなげるためには、広報活動は大変重要である。

地域に初期集中支援チームがあることや、どのような場合に、どのようにアクセスすればよいかを住民に周知することにより、支援を必要とする人が早期に適切に事業の利用につながるからである。

市区町村の広報紙やホームページに掲載することも必要であるが、関

係者や関係団体に周知し、必要な人を事業の利用につなげるような地域の支援者を増やすことも必要である。

周知する対象としては、地区医師会、地区歯科医師会、地区薬剤師会、認知症疾患医療センター等の医療機関、介護保険サービス事業者団体、家族の会、民生委員など、地域で認知症の医療や介護、生活支援、予防、見守りなどを行う団体や地区組織等があり、多岐にわたる。

また、事業の周知だけでなく、市区町村行政において認知症そのものに関する普及啓発活動の積極的な取り組みを行うことも重要であり、あらゆる世代を対象とした認知症サポーター養成講座の実施、認知症に関する講演会やシンポジウムの開催、認知症や地域の社会資源等に関するわかりやすいパンフレットの作成・配布など、認知症に関する正しい知識の普及や住民への情報提供が不可欠である。

② 認知症初期集中支援の実施（訪問支援対象者の的確な把握）

初期集中支援チームの実際の活動については、前述の国の要綱のとおりであるが、ここでは特に訪問支援対象者の把握について述べる。

訪問支援対象者を的確に把握することは極めて重要なことである。

一般的には、住民の身近な相談窓口である地域包括支援センターが、日ごろの相談や事業を通して把握した情報を基にすることが多いと考えられるが、その情報の把握に至る経路は多様であり、あらゆる機会を通して、地域の実情に応じた把握方法を想定しておくことが必要である。

例えば、地域包括支援センターでは、窓口で、高齢者本人や家族、近隣住民、民生委員、医療機関、ケアマネジャーなど様々な人から相談が持ち込まれるが、そのような受動的な把握だけでなく、介護予防事業の対象者や介護認定を受けているがサービス利用に至っていない人の把握などから、能動的に把握することも考えられる。

国の事業要綱には、事業の対象者の枠組みが示されているが、実際はその枠組みだけでなく、地域の実情に応じて簡易な認知症のアセスメントツールなどを活用し、特に人口規模の大きい自治体の窓口などでは、事業利用の緊急度や優先度などを客観的に確認できるようにするなどの工夫も必要である。

〈認知症初期集中支援チームの対象者〉
　原則として40歳以上で、在宅で生活しており、かつ認知症が疑われる人又は認知症の人で以下のa、bのいずれかに該当する者とする。なお、訪問支援対象者の選定の際は、bに偏らないようにすること。
　a　医療サービス、介護サービスを受けていない者、または中断している者で以下のいずれかに該当する者
　　①　認知症疾患の臨床診断を受けていない者
　　②　継続的な医療サービスを受けていない者
　　③　適切な介護サービスに結びついていない者
　　④　介護サービスが中断している者
　b　医療サービス、介護サービスを受けているが認知症の行動・心理症状が顕著なため、対応に苦慮している者

(地域支援事業要綱（平成28年1月15日老発0115第1号厚生労働省老健局）より)

では、初期集中支援チームの訪問活動の実際については、どのように行うか。

初期集中支援チームの訪問期間は概ね6か月以内とされており、その間に認知症かどうかの見極めや、必要な医療サービス、介護サービスの導入等を行い、今後の継続的な支援のための初動体制をつくることがチームの役割である

そのためにまずは、訪問支援対象者に関する情報収集が不可欠である。健康状態や家族構成、日常生活自立度、かかりつけ医の有無、既往歴、職歴や生活歴等は基本的な情報であり、本人を理解するうえでも必要である。

また、実際に訪問を開始した時点では、信頼性や妥当性の検証がされた観察・評価票を用いて、認知症の包括的観察・評価を行い、訪問支援対象者の認知機能と生活機能を客観的に把握する必要がある。

　訪問により把握した様々な情報は、チーム員が持ち寄り必ずチーム員会議を開催する。

　チーム員会議の目的は、訪問支援対象者や家族に対して、どのように医療や介護サービスが必要か、6か月間の訪問期間の中で、どのような支援を優先し、チームの中の誰がその役割を担い、どこまでを達成目標とするか等の、チームに共通した目標設定と行動計画を策定することである。

　チーム員会議で目標設定と行動計画を作ったら、その方針に従って初期集中支援チームが訪問を継続し、必要な支援を実施する。

　訪問期間の終了にあたっては、チーム員会議で策定した目標と行動計画が一定程度達成されたことをなどをチーム員会議の場において判断された場合に終了することとなる。

　なお、継続した医療や介護サービスの利用などのため、例えば介護保険サービスの導入にあたり、ケアマネジャーへの訪問経過の引き継ぎを行ったり、かかりつけ医に訪問経過を報告するなど、本人・家族の同意のもとで必要な情報提供を行うことも、チーム員の重要な役割である。

③　初期集中支援チーム検討委員会の設置

　初期集中支援チーム検討委員会の設置主体は、事業の実施主体である市区町村である。

　検討委員会の構成は、医療・保健・介護に携わる関係者等で構成し、初期集中支援チームの公正・中立性が確保できるよう、地域の実情に応じて市区町村長が、その構成員を選定することとなる。

実際に、既に初期集中支援チームが稼動している地域の検討委員会の例をみると、学識経験者のほか、地区医師会等の職能団体の代表者や、介護事業者団体の代表、民生委員など、初期集中支援チームと連携する関係者が参加したり、家族会の代表や介護保険被保険者の代表など、事業を利用する消費者側の立場の住民が参加する例などが多い。

　国の新オレンジプランでは、柱の１つに「認知症の人やその家族の支援の重視」が挙げられており、検討委員会の構成員に、認知症当事者や家族の参画が得られることは、もっとも望ましいことである。

　検討委員会の役割は、初期集中支援チームの設置や活動状況について検討し、地域の関係機関や関係団体の理解や協力を得て、効果的・効率的に事業を推進していけるよう、合意が得られる場となるように務めることである。

　また、検討委員会では、初期集中支援チームが行う業務の量や質の評価を行って意見を述べ、適切に、公正かつ中立な運営体制の確保を目指す役割が求められる。

　つまり、初期集中支援チームが、どのような目標をもって業務に取り組み、どのような効果を得たか、またどのような課題が残されたかを、初期集中支援チームと検討委員会が相互に協力して明らかにしていくことが必要である。

　評価の結果を次年度の取り組みに反映したり、支援効果があった事例の良い取り組み（グッドプラクティス）を、検討委員会や初期集中支援チーム、地域包括支援センター、行政の担当部課等の全体で共有して、手法を学びあうなど、検討委員会を核とした、PDCA（P：計画（Plan）、D：実施（Do）、C：評価（Check）、A：処置（Act））のマネジメントサイクルを推進することにより、地域の認知症支援に関する地域包括ケアシステムの構築に寄与することとなる。

4 初期集中支援チームの人員配置

　初期集中支援チームを構成する人員のことを、チーム員というが、チーム員の要件については、前述の国の要綱で定められている。
　また、平成25年度のモデル事業を開始する際に定められた国の要綱に対し、平成27年度から平成29年度にかけて全国で初期集中支援チームの整備を促進するための新たな緩和要件が加えられ、現時点の要綱では以下のような人数及び職種が定められている。

〈認知症初期集中支援チーム員の配置人数及び職種〉
　チーム員は、以下のアを満たす専門職2名以上、イを満たす専門医1名の計3名以上の専門職にて編成する。

　ア　以下の要件をすべて満たす者2名以上とする。
　（ア）「保健師、看護師、准看護師、作業療法士、歯科衛生士、精神保健福祉士、社会福祉士、介護福祉士」等の医療保健福祉に関する国家資格を有する者
　（イ）認知症ケアや在宅ケアの実務・相談業務等に3年以上携わった経験がある者
　また、チーム員は国が別途定める「認知症初期集中支援チーム員研修」を受講し、必要な知識・技術を習得するものとする。
　ただし、やむを得ない場合には、国が定める研修を受講したチーム員が受講内容をチーム内で共有することを条件として、同研修を受講していないチーム員の事業参加も可能とする。

　イ　日本老年精神医学会若しくは日本認知症学会の定める専門医又は認知症疾患の鑑別診断等の専門医療を主たる業務とした5年以上の臨床経験を有する医師のいずれかに該当し、かつ認知症サポート医である医師1名とする。
　ただし、上記医師の確保が困難な場合には、当分の間、以下の医師も認めるものとする。

> ・日本老年精神医学会若しくは日本認知症学会の定める専門医又は認知症疾患の鑑別診断等の専門医療を主たる業務とした5年以上の臨床経験を有する医師であって、今後5年間で認知症サポート医研修を受講する予定のある者
> ・認知症サポート医であって、認知症疾患の診断・治療に5年以上従事した経験を有する者(認知症疾患医療センター等の専門医と連携を図っている場合に限る。)
>
> (地域支援事業要綱(平成28年1月15日老発0115第1号厚生労働省老健局)より一部抜粋)

　また、以下のとおり同要綱において、初期集中支援チームの役割について特定の職種に関する規定があり、初期集中支援チームへの看護職の関与が重要視されている。

> 〈チーム員の役割〉
> 　(中略)なお、訪問する場合のチーム員数は、初回の観察・評価の訪問は原則として医療系職員と介護系職員のそれぞれ1名以上の計2名以上で訪問することとする。
> 　また、観察・評価票の記入は、チーム員である保健師又は看護師の行うことが望ましいが、チーム員でない地域包括支援センター、認知症疾患医療センター等の保健師又は看護師が訪問した上で行っても差し支えない。
>
> (地域支援事業要綱(平成28年1月15日老発0115第1号厚生労働省老健局)より一部抜粋)

　保健師又は看護師の関与を重要視している理由はいくつかあるが、それについては、後で述べる。

5 初期集中支援チームにおける看護職の役割

(1) 認知症の地域ケアに欠かせない訪問看護

　訪問看護の対象となる認知症の人は、認知症の病状が進行して生活機

能が著しく低下した人や、行動・心理症状が出現している人が多い現状がある。

　しかし認知症で病状が進行すると、失語症等の障害が出現することにより言語コミュニケーションが困難となり、その人の意思や在宅ケアにおける希望、想いを知ることが困難となる。

　また、家族も知り得ない子どもの頃のエピソードや本人自身が誇りに思っている出来事、経験、趣味や関心などもわからないことが多く、本人の心理的な不安の解消や自尊心の尊重がうまくいかないことも多くみられる。

　訪問看護師は、訪問看護サービスの提供とともにチーム医療の担い手の１人として、認知症の人や家族のニーズを的確に把握し、物理的な環境調整をしたり、生活障害の見たてや療養の支援を行うことにより、本人の意思や希望に沿った支援目標とアクションプランを立て、残された機能を活用してできる限り自立した生活が継続できるよう支援しており、より早期に対応することにより、より高い訪問看護の利用効果が期待できる。

　また、訪問看護師は、認知症の人の居宅に訪問し、家に入って生活環境を観察する、本人や家族から話を聞く、精神や身体の状況を看る、生活状況全般を把握し健康や安全が阻害される要因がないか確認する等の、家庭訪問の基本的な視点と技術を持っている職種であり、認知症の人の地域生活の継続を目的とした地域ケアにおいて、重要な役割を担う職種であるといえる。

（２）初期集中支援チームと保健師・看護師

　初期集中支援チームは、支援が必要な認知症の人や家族に対し、より早期に認知機能や生活機能を評価し、課題にを明らかにして早期に対応

し、医療や介護サービス等の必要な支援につなげることにより、認知症の人の意思を尊重し、住み慣れた侵襲の少ない生活環境で、本人の意思決定や自立生活を支援しながら、本人本位の生活を継続するための初動体制を作ることを目的としている。

　初期集中支援チームが効果的に機能するためには、チーム員が、①認知症の人の「生活」を把握し支援する訪問活動の技術を持っていること、②認知症や認知症の人を正しく理解していること、③認知症の症状だけでなく、心身の健康状態や日常生活動作等の自立度、生活習慣やライフスタイル、今後の生活に関する希望、家族への支援、住環境整備等を包括的に捉え、「患者」でなく「地域生活者」として本人本位の暮らしを支援する視点を持っていることが必要である。

　これらの知識や技術、視点等をもっている専門職の筆頭が保健師や看護師であり、初期集中支援チームを構成する際に、第一に選択すべき職種の候補である。

　チームによる訪問の際には、特に初回の訪問では認知症の本人が緊張や警戒をみせることもあるが、例えば保健師や看護師は、日ごろの健康状態や生活習慣に関する聞き取りから開始し、血圧などのバイタルサインチェックや健康相談を通して専門職であることを意識付けながら、もの忘れの自覚の有無や生活の中でできていることとできなくなってきたことを確認していく。

　決して質問攻めにするのではなく、子どもの頃や若い頃の思い出話、趣味、特技、職業経験など本人が記憶している情報を世間話のように聞き取りながら、本人の持っている社会的能力や生活能力を把握することも行い、この情報がチーム員会議で今後の支援方針を話し合うときに大変重要になる。

　また、訪問回数を重ねて、今後健康状態が悪化したり、身の回りのこ

とを自分で行うことが困難になった時どのように介護され、誰にその意思を代行してもらいたいかも聞いていき、必要に応じて地域包括支援センターの職員とともに親族に説明する役割等も担っている。

認知症の人の精神症状や自立度が急激に悪化する原因の多くは、認知症そのものではなく、身体の持病の悪化やせん妄（脱水や便秘、体調不良、環境の変化等が原因となって意識障害が起こり、混乱している状態）等であり、このようなときにも保健師や看護師による身体状況や精神症状の評価と家族指導は大変重要である。

（3）初期集中支援チームにおける訪問看護師の活動の実際

認知症の人は、認知機能の障害により、身体の病状を記憶しておくことが困難で自覚できなかったり、もの忘れの自覚や身の回りの生活がしづらくなっていくことへの不安から、受診行動が遅れたりする傾向がある。また、家族が受診や相談を勧めても、なかなか行動に移らないことがある。

訪問看護師は、受診の必要性を説明し、ときには健診を受けるよう勧めたり受診に同行する、看護サマリーを作成して医師に状況を伝えるなど、専門医療機関やかかりつけ医に受診できるよう、心理的なハードルを下げたりスムーズな受診を支援する役割を担っている。

また、例えば実際に本人と一緒に台所やふろ場に立って、手続き記憶がどこまで残っているか確認したり、実行機能障害がないか調理をしながら障害を見立てたりする。

認知症には、さまざまな原因疾患があり、4大認知症といわれる「アルツハイマー型認知症」「脳血管性認知症」「レビー小体型認知症」「前頭側頭型認知症」でも、それぞれ主要な症状が異なるほか、個人差もあり、認知症機能の障害や生活機能の障害の出現の仕方は一様ではない。

このため、認知症のタイプや個人の状況にあわせた具体的なサービス内容の提案等も必要である。
　例えば、レビー小体型認知症の人は、記憶障害よりも身体障害が先行することがあるため、運動機能を維持するための機能訓練やデイケアを勧めることがある。また、転倒の予防のために福祉用具の利用を勧めたり、手すりの設置や段差の解消など住宅改修を提案する場合もある。
　レビー小体型認知症は自律神経症状が出やすいことも特徴であるため、起床時や寝返りの際のふらつき、眩暈に注意したり、幻視の兆候や夜間の睡眠状態などのヒアリングも行う。
　また、家族の介護負担軽減も、訪問看護師の重要な役割である。
　どこに介護負担があるのか、ケアを代行できないのか、家族自身の健康問題はないか、身近な理解者や応援者がいるか、レスパイト（休息）の緊急度が高いか、サービス利用を勧める場合は訪問サービスと通所サービスのどちらかよいか等を検討するため、必要に応じて家族自身をクライアント（相談当時者）と捉え、本人や介護に対する気持ちを聞き取ったり、介護負担の程度を評価して、チーム員会議で報告し、具体的にどのように支援するかを検討する。
　並行して、訪問看護師による認知症心理教育の実施が重要である。
　認知症心理教育では、認知症のタイプを踏まえて、主に、認知症とはどういったものなのか、今後起こりうる症状はどのようなものか、治療方法や進行予防の方法等について分かりやすく工夫しながら指導していく。

（4）訪問看護師と在宅医療・介護連携

　認知症は、受診により、認知症のタイプや症状の診立てができれば、現在の病状の進行具合や、今後どのような症状に注意しどのようなケア

の準備が必要かの目安がつくため、特に初期は専門医療機関の受診が不可欠である。

　しかし、日常の診療は地域のかかりつけ医で受けられることが望ましい。

　これは、認知症が進行性で全身に影響が及ぶ疾患であり、特に病状が中等度以上に進行した場合、訪問診療も視野に入れる必要があることを考慮すると、将来的には在宅支援診療所と訪問看護による、在宅医療体制の確保が不可欠であるためである。

　地域のどこに住んでいても、必要な医療や介護、生活支援、介護予防、住まいが整っていることの重要性は、地域包括ケアシステムの章でも述べられているが、認知症の地域ケアこそ、地域包括ケアシステムを構築するパイロットモデルになりうるといえる。

　訪問看護師は、医療と介護の双方を知悉している職種であり、地域包括ケアシステムづくりにおいて、医療・保健（予防）・福祉（介護）のそれぞれを結んでいく（Linkage）ことは訪問看護師の役割でもある。

　訪問看護師による認知症の地域ケアの実践の蓄積は、世界で一番急速に高齢化が進む日本において、ますますその重要度が増していくと考える。

参考文献

1．厚生労働省老健局、認知症施策推進総合戦略～認知症高齢者等にやさしい地域づくりに向けて（新オレンジプラン）
2．厚生労働省認知症施策検討プロジェクトチーム、今後の認知症施策の方向性について
3．鷲見幸彦、認知症と地域医療　3．認知症初期集中支援チームについて、日老医誌 52、138-145

4．鷲見幸彦、認知症初期集中支援チームの現状と課題　認知症初期集中支援チームとはなにか、老年精神医学雑誌 2015Vol. 26、10号、1077-1084
5．国立研究開発法人国立長寿医療研究センター、平成27年度認知症初期集中支援チーム員研修テキスト
6．高橋裕子、認知症初期集中支援チームでの訪問看護の役割・実際、世田谷区の取り組み、一般社団法人全国訪問看護事業協会訪問看護ステーションニュース No. 122、8
7．片山智栄、認知症初期集中支援チームでの訪問看護の役割・実際、現場からの実践報告、一般社団法人全国訪問看護事業協会訪問看護ステーションニュース No. 122、9

第5章 在宅医療・介護連携の推進

1 認知症の人の居住場所

　2015（平成27）年に国が公表したデータでは、全国の65歳以上の高齢者における認知症有病率の推計値は約15％であり、約439万人と推計されている（平成22年時点）。また、全国のMCI（軽度認知機能障害：正常でも認知症でもないグレーゾーンの状態）の有病率の推計値は13％で、約380万人とされている。

　認知症有病者約439万人のうち、介護保険の要支援・要介護認定を受け、認知症の症状があり介護を必要とする人の推計値は約280万人で、つまり、全国の65歳以上の人のうち、1割強が認知症の人であり、そのうちの約6割が認知症により介護保険を利用していることになる。

　また、2012（平成24）年時点のデータによると、日本の認知症有病者数は305万人で、この人たちの居場所としては、在宅149万人、介護施設89万人、居住系施設（有料老人ホーム、認知症グループホーム）28万人、医療機関38万人となっている。

　ただし、このデータには、医療機関（一般病院、精神科病院等）に入院している認知症の人の数は反映されておらず、精神科病院に入院している認知症高齢者数はかなりの数にのぼると考えられている。

　なお、2017（平成29）年時点の推計値では、認知症の人の増数は373万人で、在宅186万人、介護施設105万人、居住系施設44万人、医療

第 5 章　在宅医療・介護連携の推進

認知症有病率調査と厚生労働省の推計との関係について（厚生労働省ホームページより）

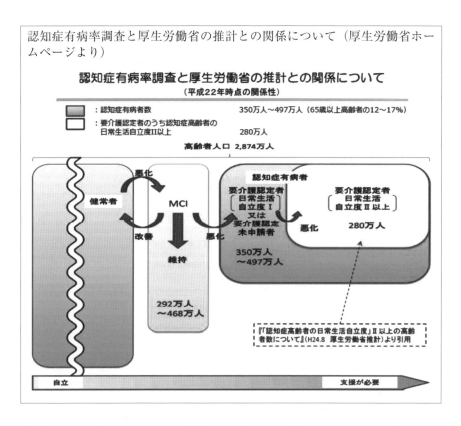

機関38万人とされており、認知症高齢者の半数以上が在宅で過ごしているという推計値が示されている。

2 認知症の地域ケアについて

2012（平成24）年6月に国が公表した「今後の認知症施策の方向性について」の報告書では、認知症の人が施設に入所したり病院に入院することによりその人の人生も終わりとするのではなく、地域で認知症の人がQOLを保持しながら生活できるよう、これまでの「ケアの流れを

変える」ことが謳われている。

　また、「エイジングプレイス（住み慣れた地域で高齢者の生活を支えること）」の理念からは、高齢になっても、認知症になっても在宅で過ごすことが目指されるべきとされていることから、ケアの流れを変え、認知症の人が地域で生活できる仕組みを作ることが、地域包括ケアシステムを構築することと同義と解釈できる。

　つまり、今後の日本において望まれる認知症の地域包括ケアシステムとは、MCIレベルから認知症の重度～終末期レベルに至るまで、住み慣れた地域で生活することを目指したケアシステムであり、そのために「医療」「介護」「介護予防」「生活支援」「住まい」の5つの要素が、バラバラに細切れな状態でなく、総合的・包括的なパッケージとして、認知症の本人や家族の意向に基づいて提供される支援体制づくりが求められているといえる。

　このシステムが具体化するためには、行政や医療機関、介護事業所、家族会等の支援機関や支援サービス内容について、どこにあり、どのようなサービスを提供をしていて、どのようにアクセスしたらよいかが、認知症の人と家族及び地域住民に示されている必要があるが、この取り組みについて、新オレンジプランでは「認知症ケアパスの普及」として掲げられている。

　「認知症ケアパス」とは、"認知症の人の状態に応じた適切なサービス提供の流れ"とされ、その流れをつくるためには、「認知症の人が地域で生活するための基盤づくり」と、認知症の人が自分の力を活かしながら地域の中で暮らしていくための「認知症の人への適切なケアマネジメント」の2つが不可欠である。

　また、認知症ケアパスは、各地域の特性や認知症の人や家族のニーズを反映して作成する必要があり、具体的な内容は地域によって異なるた

め、地域の特性等を踏まえて認知症ケアパスを創ることが区市町村の責務として求められている。

認知症ケアパスにおける、認知症の人の状態は、健常なレベルからMCIレベル、軽度、中等度、重度～終末期レベルまであり、これらの状態に沿った道筋を「ケアパスウェイ」というが、ケアパスウェイの捉え方やその地域における望ましいケアパスウェイのイメージについて検討する際は、行政だけでなく、認知症の当事者や家族をはじめ、地区医師会等の医療専門職能団体や、介護事業者の代表、家族会、民生委員等、認知症の地域ケアに関わる関係者、関係団体の参画を得て、検討することが望ましい。

なぜなら、認知症ケアパスは地域全体で理解し、共有し、活用してこ

認知症ケアパスを機能させるために必要な要素（認知症ケアパス作成の手引きより抜粋（認知症ケアパスを適切に機能させるための調査研究事業検討委員会編：一般社団法人財形福祉協会）

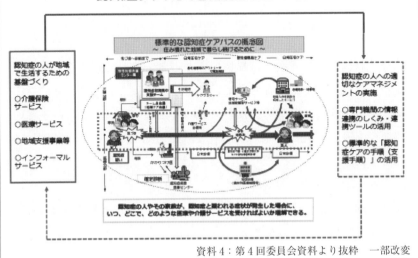

資料4：第4回委員会資料より抜粋　一部改変

そ有益に機能するのであり、地域包括ケアシステムの入口となるものであるからである。

3 認知症の統合的ケア（Integrated care）

　認知症の人やその家族は、認知症の症状や障害の複雑さから、在宅でも、施設でも、ケアを受けることが困難であると感じていることが多い。
　その理由として、認知症の人へ提供されるケアの内容が固定化していたり、ケアの提供時間が厳密に管理されていたり、ケアの提供者によって支援方針や支援方法がバラバラであったりすると、認知症の人との相性があまりに悪いからである。
　現在地域で実践されている認知症の人のケアに関するメソッドは、支援計画を立てるための課題を把握するアセスメントツール等と合わせて、さまざまな方法が提唱されている。
　そのどれにおいても、ある程度共通しているのは、社会的な、あるいは認知症の本人の情感に寄り添うようなケアや疾病特有の症状に対する医療的なケアと同時に、認知症の本人の固有の特性を踏まえたケアを包含しなければ、うまくケアが提供できないといわれている点である。
　このようなケア提供の在り方は、認知症の人に合わせて柔軟に対応するようにみえるが、ケアの提供者によって内容の一貫性に欠けるというリスクがあり、認知症ケアの標準化がまだ充分進んでいない現状では、対処的であったり、場当たり的になったりして、認知症の人や家族の混乱や不安を増加させるおそれもある。
　前述の地域包括ケアシステムで提供される統合的なケア（Integrated care）は、認知症の本人や家族の意思決定のもとで、ケアの連続性の確保や調整されたパッケージとしてのケアサービスの提供の原則がある。

認知症の人の場合、ニーズが頻繁に変化するため、変化するニーズに迅速に対応するためには、相談や対応の窓口は一本化されていることが望ましい。

 単一の窓口のほうが、これまでの情報や新たな情報を総合的に照らし合わせ、迅速に個別性も考慮しながら、適切な資源やスキルの提供がしやすく、このような観点からも、認知症の人には統合的ケアの提供が適しているといえる。

 また、認知症の人の家族支援においても、複数の人や機関からバラバラに提供される支援ではなく、ケアの方針を共有した統合的な支援のほうが効果的である。

 統合されるべきケアの中には、当然、認知症という疾患に対する医療

地域包括ケアシステム（厚生労働省ホームページより）

在宅医療・介護連携の推進（厚生労働省ホームページより）

や医学的なケアと、いわゆる生活支援のためのケアの統合も必要である。

　つまり、認知症の人と家族に提供されるケアは、医療と介護の現場における多職種間で「顔の見える関係」を構築し、医療職と介護職間の「共通言語の理解」と「コミュニケーションの促進」をするという臨床的統合を基盤として成立するものであり、まずは、地域包括ケアシステムにもある「医療」と「介護」という2つの領域が、相互に役割を理解することから始める必要がある。

4 在宅医療・介護連携の取り組み

　平成27年度からの介護保険法改正により、医療・介護連携の取り組みとして市区町村に新たに実施が義務付けられたのが、地域支援事業の包括的支援事業のうち、「在宅医療・介護連携推進事業」(法第115条の45第2項第4号)である。

　高齢者の地域生活においては、医療や介護は欠くことのできないサービスであり、これまでも先進的に在宅医療・介護連携に取り組んでいた自治体や地区医師会等では、さまざまな取り組みが行われていた。

　前項の「認知症初期集中支援チーム」と同様、平成29年度末までの移行期間が設けられており、医療と介護の両方を必要とする状態の高齢者が、住み慣れた地域で自分らしい暮らしを人生の最期まで続けることができるよう、在宅医療と介護を一体的に提供するために、医療機関と介護事業所等の連携を推進することを目的として、以下の事業が法的に位置づけられた。

　本事業は、認知症ケアのみに限定されたものではなく、地域のすべての高齢者を対象としたものであり、実施主体は市区町村で、事業の内容は以下のとおりである。

(1) 地域の医療・介護の資源の把握

　地域の医療機関、介護事業所の住所、機能等を把握し、これまでに自治体等が把握している情報と合わせて、リスト又はマップを作成する。作成したリスト等は、地域の医療・介護関係者間の連携等に活用する。

(2) 在宅医療・介護連携の課題の抽出と対応策の検討

地域の医療・介護関係者等が参画する会議を開催し、在宅医療・介護連携の現状の把握と課題の抽出、解決策等の検討を行う。

(3) 切れ目ない在宅医療と在宅介護の提供体制の構築推進

地域の医療・介護関係者の協力を得ながら、切れ目なく在宅医療と介護が一体的に提供される体制の構築に向けて必要となる具体的取組を企画・立案する。

(4) 医療・介護関係者の情報共有の支援

情報共有の手順等を定めた情報共有ツールを整備する等、地域の医療・介護関係者の情報共有を支援する。

(5) 在宅医療・介護連携に関する相談・支援

地域の在宅医療・介護連携を支援する相談窓口の運営を行うために、在宅医療・介護の連携を支援する人材を配置し、地域の医療・介護関係者、地域包括支援センター等からの、在宅医療・介護連携に関する事項の相談を受け付ける。また、必要に応じて、退院の際の地域の医療関係者と介護関係者の連携の調整や、患者、利用者又は家族の要望を踏まえた、地域の医療機関等・介護事業者相互の紹介を行う。

(6) 医療・介護関係者の研修

地域の医療・介護関係者の連携を実現するために、多職種でのグループワーク等の研修を行う。また、必要に応じて、地域の医療関係者に介護に関する研修、介護関係者に医療に関する研修を行う。

（7）地域住民への普及啓発

在宅医療・介護連携に関する講演会の開催、パンフレットの作成・配布等により、地域住民の在宅医療・介護連携の理解を促進する。

（8）在宅医療・介護連携に関する関係市町村の連携

複数の関係市町村が連携して、広域連携が必要な事項について協議する。

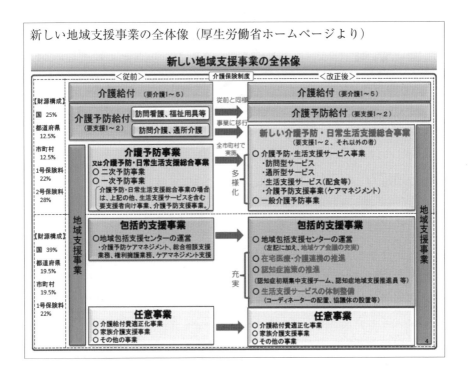

新しい地域支援事業の全体像（厚生労働省ホームページより）

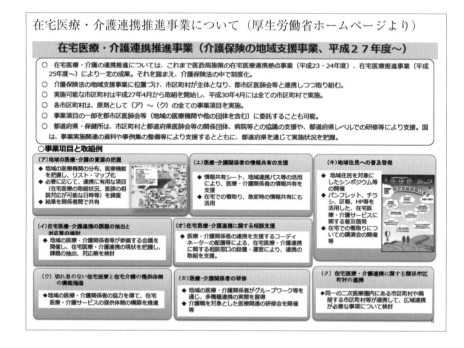

5 認知症ケアにおける在宅医療・介護連携

　一般的に認知症は、長い経過をたどりながら病状が進行し、進行すると医療や介護を必要とする状態が継続していくことは既に述べられたとおりである。

　認知症の地域ケアにおいては、初期の段階で、認知症のタイプを知り適切なケアを提供するためには専門医療による診断が欠かせない。

　認知症かどうか、認知症だとすればどのタイプの認知症か、現在の症状の進行具合はどの程度か等が把握できれば、今後の病状の見通しや今後出現する認知機能の障害と生活機能の障害がおおよそ予測できる。

　例えばアルツハイマー型認知症であれば、病的な物忘れを初期症状と

して、日時の見当識障害が出現し、スケジュール管理等が困難になることによって、友人との約束を忘れたり、これまで定期的に参加できていた会合や趣味の会などに行けなくなってくる。さらに進行すると仕事の計画や管理、家事の段取り等が難しくなったり、金銭管理が困難になったりして理解力や判断力の低下が現れ、実行機能の障害が出現するといった具合である。

しかし、認知症になってこのような経過をたどるとしても、一度になにもかもできなくなるわけではなく、進行のスピードを遅らせることが可能になってきており、次に起こる認知機能や生活機能の障害を見通すことにより、残っている能力を活用して、自立した生活をできる限り長く続けるためのさまざまな支援を行うことが重要である。

残念ながら認知症は完治することのできない疾患であり、認知症の診断とその後の病状の経過観察、身体合併症の管理、重度から終末期にかけて増加する医療ニーズへの対応等、認知症の支援において医療は必須であるが、診断後の認知症の人や家族のたどる経過をみると、予防や生活支援、直接的な介護、環境調整等、圧倒的に「ケア」つまり非薬物療法の重要性と必要性が高いことが分かる。

また、地域で認知症の人をケアする際に、もっともケアが困難になるのは、強い興奮や妄想などの行動・心理症状（BPSD）が出現したときである。

BPSDは、全ての認知症の人に出現するわけではなく、心理的な不安や体調不良、薬剤性や脱水などによるせん妄などがきっかけとなっている。

つまり、不安の解消や軽減、身体合併症の予防や管理、必要最低限の薬物の投与、必要な水分や栄養の摂取、適度な運動、便秘の予防などの排泄の確保等が、BPSDを予防することになり、認知症の人の不要な混

乱や尊厳の喪失を防ぐことになる。

そのためには、在宅医療関係者や介護関係者がそれぞれの専門知識と専門技術を発揮して、共通の目標に向かって、よりよい状態で日常生活が継続できるよう役割分担しながら支援する必要があり、第一目標として、このBPSDの予防を徹底して心がけることにより、認知症ケアの目的を1つ果たすことができるといえる。

```
＜認知症高齢者の基本ケア＞
●水　　分：1日1,500cc以上の水分を摂る。
●栄　　養：1日3食おいしく食べる（1,500kcal以上）。
●排　　便：毎日決まった時間に排泄する。
●運　　動：家に閉じこもらないで、週3回以上の外出。
　　　　　　活動的な生活を送る
●口腔ケア：口から美味しく食べる（お口の清潔と機能向上）
　※注意／水分制限、食事制限の有無はかかりつけ医の指示を確認
```

参考文献
1．厚生労働省老健局、認知症施策推進総合戦略〜認知症高齢者等にやさしい地域づくりに向けて（新オレンジプラン）
2．厚生労働省認知症施策検討プロジェクトチーム、今後の認知症施策の方向性について
3．国立研究開発法人国立長寿医療研究センター、平成27年度認知症初期集中支援チーム員研修テキスト
4．竹内孝仁、認知症のケア〜認知症を治す理論と実際〜、2005、年友企画

第6章 小規模多機能型居宅介護における自治体の役割

❶ ふじのくに型福祉サービスについて

「ふじのくに型福祉サービス」とは、年齢や障害の有無にかかわらず、制度や窓口の垣根を越えて誰もが住み慣れた地域で安心して暮らせる社会を実現するために、2010(平成22)年より静岡県で進めているものである。

ふじのくに型福祉サービスには、「共生型福祉施設」「相談」「居場所」があり、「共生型福祉施設」の1つとして基準該当生活介護・短期入所がある。

基準該当は、介護保険法の「小規模多機能居宅介護」(平成18年改正に伴い制度化された、通いサービス・宿泊サービス・訪問サービスの機能を持ったサービス)の事業所に、障害者自立支援法(現在障害者総合支援法)の基準該当福祉サービス(生活介護・短期入所)として障害のある人を受け入れるものである。

これをきっかけに、高齢者と障害者の「共生」を目指したサービスが可能となり、高齢者や障害者、子どもなど年齢に関係なく地域の中にある身近な施設で、垣根がなく、安心して過ごせる居場所の提供をすることができるようになった。それが「ふじのくに型福祉サービス」である。

> 「ふじのくに型福祉サービス」が目指す福祉サービス
> ① 「地域共生型福祉サービス」
>   身近にある高齢者の通所介護事業所で障害のある人や児童も受け入れる
> ② 「ワンストップ相談」
>   身近にある地域包括支援センターで相談を受け付けさまざまな施設や窓口と連携して対応する
> ③ 「居場所」
>   年齢や障害のあるなしにかかわらず誰でもが自由に行くことができ、自由に過ごせる場所づくり

(静岡県福祉長寿局　長寿政策課)(障害者支援局障害者政策課)ホームページより

(1) 小規模多機能居宅介護（介護保険法）

　少人数の利用者が、「通い」を中心に、本人、家族の希望により訪問、お泊りの組み合わせができるサービスである。「永遠の家」では、家族が少しでも長く、お年寄りが、ご自分の家で生活できるよう、できる限りのお手伝いを可能にすることを目指し、いつまでも家で過ごし家族と一緒に生活することができるよう努力している。

(2) 基準該当生活介護・基準該当短期入所（障害者総合支援法）

ア　生活介護は、区分3以上で18歳以上の障害者が、施設の通いを中心に、入浴、食事などの介護を受け、家に居るように、ありのままに生活をしたり、好きな創作活動に取り組む場を提供している。

イ　短期入所は、介護しているご家族が病気、仕事などにより、短期間の入所を必要とする障害者を受け入れるサービスを提供している。

2 ふじのくに型サービスを始めたきっかけ

(1) 富山型デイサービス

　筆者は、10年くらい前まで療養型の病院で看護師として勤務していた。そこでお年寄りと関わり、認知症の方と接するうちに、どんなに一生懸命ケアをしても、一病棟30人の個々のニーズを満たすことはできなかった。一人一人に寄り添い、利用者さんが満足するケアができるためには、少人数のグループホームが適切ではないだろうかと考えるようになった。また、当時勤務していた病院は、高齢者介護の研修に力を入れていた。その研修の中に、全国に広まった共生型デイサービスのきっかけを作った「富山型デイサービス」を立ち上げた方の研修があった。その方の話を聞き、筆者の考えと同じであることに気づき、共生型デイサービスに興味を覚えたのである。

　研修講師であったその方の著書の中には、

　　「デイサービス　このゆびと～まれ」に最初に利用されたのが、乳飲み子を抱えたお母さんだった。ず～っと美容院に行けなかった、そのお母さんが、「子供を預け、美容院に行くことができた。」などの感謝の言葉が聞けた。

とあった。このように、困ったときすぐに当たり前の自然な支援が利用できることや、ご近所づきあいのような施設があることに感動した。「富山型デイサービス」のような体制があれば、利用者とその家族はお互い

に安心して暮らせるだろう。私の考えていた施設が、実現できるのではないだろうかと思うようになった。

（2）グループホームみなみ風の立ち上げ

　最初の一歩として、2003（平成15）年5月にグループホーム「みなみ風」を立ち上げた。コンセプトは「家」である。暖かい日差しが入り、みなみ風が吹いているような心地よさの中で、顔なじみの入居者、職員同士が、お年寄りの家としてゆっくりと生活していただこうという思いで「みなみ風」と名付けた。

　また、入居されている方たちが医療を必要とせずに「自然のままで、そして、人生最期をみなみ風で……」と希望されるなら、職員は家族ではないけれど家族の一員として「看取り」についても、筆者と職員で可能な限りお手伝いをさせていただいている。

　誰でもみな生まれて来るときは予定日を待ち望み祝福されているが、人生最期は、「お疲れさま」「あなたと出会えて嬉しかった」「さようなら」と言えないことが多いのでないかと感じている。延命治療ではなく、その人の人生を肯定し安らかな生涯を送ることができたと言える、そんな施設を作っていきたいと思っている。

　ある時、グループホーム「みなみ風」に職員が年少の子どもを連れて仕事に来た。その子どもは誰が教えたでもないのに普通にお年寄りと接していた。さらに、子どもの垣根のない目線が、職員より頼りになるケアをしてくれるときもあった。そんな風景から、職員とともに「家だから子どもがいて当たり前だよね」とよく言っていた。子ども自身もお年寄りと接することが楽しく、ほぼ毎日のように遊びに来ていた。子どもを見るお年寄りの笑顔、子どもの面倒をみたり世話をやいたりという役割によって、お年寄りに活気も出てきた。

第6章 小規模多機能型居宅介護における自治体の役割

ジイジと日向ぼっこ気持ちいい！

　そんな時、市役所の職員が遊びに来ていた子どもを見て、「お年寄りのケアに支障があるのではないか」と上司に報告をしたこともあったようである。むしろ子どもがいるお陰で、お年寄りも職員も助かっていることを当時の市役所職員に受け入れられてもらうことは難しかったのである。このことから、介護保険法の中で画一化したケアを提供していることがお年寄りにとって良いことなのかと強く考えるようになった。子どもたちを見るお年寄りの笑顔は規則には載っているわけではない。そのようなことから、決められたことの中でケアするのではなく、自然の形でのケアをしたいという気持ちがますます強くなった。
　グループホームを立ち上げたころに知り合った小規模多機能居宅介護「あったかおおぶち（NPO法人おおぶち居宅支援事業所）」の芹澤さんと話をしているうちに、同じような志であることがわかった。芹澤さんは富山型デイサービスに興味を持ち、何度か富山に出向いていたという。その芹澤さんの紹介で、富山型デイサービス「にぎやか」に見学に行くことになった。富山型デイサービス「にぎやか」では、同じ施設内

でお年寄りと障害者の方が一緒に過ごし、当然のことながら普通に接し合っている。近所の人が遊びに来ていたり、お年寄りが幼児の世話をして生活しているところが、型にはまったデイサービスではなく、家族のように接することが当たり前のケアであることに気づかされた。「これが普通のことだ。私の目指しているケアだ」という確信と、「自分の地域でも実現させるんだ」と背中を押された気分になった。

バアバ、あ〜ん

（3）小規模多機能居宅介護の立ち上げ

いつまでも長くご家族と一緒に生活ができ、自分の家のように通って欲しい。自由に過ごして欲しいという思いで、2007（平成19）年1月に有限会社みなみ風「永遠の家」、11月にNPO法人おおぶち居宅介護支援事業所「あったかおおぶち」をそれぞれ立ち上げた。

小規模多機能居宅介護「永遠の家」では、グループホーム「みなみ風」の経験を活かし、職員の子どもたちが遊びに来ることを許可したのである。そうしたところ、お年寄りが産休明けの職員の赤ちゃんにミルクをあげたり、乳母車で施設内を移動したりと面倒をみてくれる姿があっ

た。障害児も親と一緒に「永遠の家」に来て、お年寄りの横に座っておしゃべりしたり、一緒にお風呂に入ったり、時にはお年寄りに怒られたりと自然な形でお互いがケアし合っている姿をみることができている。

　グループホームと同じように、永遠の家でも看取りが当たり前のこととして携わってきた。このことで「家族は死を待つ」のではなく、自分達の生活や仕事を継続しながら、家族の死を受け入れることができていくようである。ご家族からは「自分たちの生活を犠牲にすることなく、自然な形（死）で受け入れることができた」「（連絡を受け駆けつけたとき）まだ温かった」「しっかり看ていてくれた」などと感謝の言葉をいただいている。

　あるご家族は「うちのおじいちゃん、おばあちゃんは元気だから、週3日くらい通えばよい、訪問だけでよい」と言っていたのだが、通いサービスを利用しているときの笑顔を知り、毎日利用を希望するようになってきている。

　これまでの運営においては、小規模多機能居宅介護の登録定員25名の中で、通いサービスの定員が15名を満たすのは難しいことだった。さらに、障害者の利用人数もカウントされるので、利用定員を調整することはさらに難しいことだった。基準該当では、障害者1日の利用定員は3

名と決められているのである。

　通いサービスの定員の課題もあり、登録人員を満たすことができなかったが、2015（平成27）年4月の法改正により登録定員29名、通いサービス利用定員18名となり最初の課題は解決された。しかし、障害者の定員は同じであるために、現在お断りしているのが現状なのだ。

　小規模多機能居宅介護を運営していくうちに、子どもと障害者とお年寄りと職員間で家族の様に過ごす1日が必要であると思った。また、障害者には自分のルールがあるようで、ご近所の人に「ここ、入っていい？」と聞き、「ダメ」と言われると入らず、きちんと言われたことを守っていることをご近所さんからの情報から知り、ご近所さんも無視せずに話し相手になってくれているのだとわかり、ご近所の協力を得られていることを実感した。このとき、以前の研修で聞いていた富山型デイサービスのもつ意味について、ようやく不安から確信に変わったのである。しかし、まだ不安はあり、富山型デイサービスは立ち上げた方々の努力で縦割り行政を説得し、特区としてサービスを提供できることになった経緯があるが、他の地域では介護保険法と障害者総合支援法は縦割り行政であり、富山型のような取り組みがなかった。また、筆者自身も始めるには経済的不安があり、二の足を踏んでいたのも事実である。

（4）静岡県の共生型サービスの立ち上げ

　平成22年度に静岡県健康福祉部長寿政策局より、垣根のないサービスについて検討会、研究会参加の声が掛かり、県内の意見を同じくする事業所が集まった。各々の想いについて話し合い、東北の幾つかの施設を見学する機会があった。そこで、保育園と一緒の施設でお年寄りとの交流があり、やはり家族のように過ごしている風景をみた。この検討会や研修会へ参加することで、静岡県の考え方や県内の同じような考えを持

つ施設の関係者の方々を知り、「共生型サービスを静岡県で実現できるんだ」と心強く感じた。

静岡県では、垣根のないワンストップサービスの「ふじのくに型福祉サービス」が導入されることになった。これが筆者が目指しているケアであると思い、すぐに意思表示の手を挙げたのである。

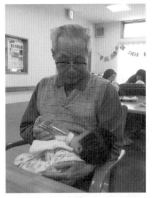
ミルクをあげて気持ちが和む高齢者

同じ目線で見守りする高齢者

（5）ふじのくに型サービス立ちあげの課題

① 市町の理解

静岡県では、垣根のないサービスを提供する、「ふじのくに型福祉サービス」を進めるため、基準該当の制度を活用しようということになった。基準該当は、市町が登録することとなっているので、市町の理解が必要だった。

当初の富士市は導入する方向はなく、周辺の動きを見ている感じを受けた。そこで、介護保険法の下、基準該当で居宅支援を行っている下田市役所へ筆者と芹澤さんとで出向き、市町の理解について相談に行った。基準該当の手続きは、市町の規則制定が必要で時間と労力が掛かる

ことを知った。また、下田市役所の担当者のご好意により、基準該当の規則の例の資料を手に入れることも出来た。

　下田市役所から頂いた資料と福祉分野で活躍されている市議会議員、障害児の育成会会長とで富士市障害福祉課へ直談判をしたのであるが、やはり当初は難しいと判断された。その後、時間の経過と共に富士市に基準該当の規則が成立した。ここで、「永遠の家」と「あったかおおぶち」は基準該当の登録をし、静岡県下で初の「ふじのくに型福祉サービス」が始まったのである。

② 　職員の理解

　「ふじのくに型福祉サービス」を始めるにあたり、職員と何度も話し合いをした。職員からは「障害者」という言葉だけで、「どう接してよいのか」「どういう状態かわからない」「どう対処してよいか不安がある」という意見が多く聞かれたのだ。受け入れたくないということではなく、自分の周りにいないことや未経験のことに対しての不安があったのだ。

　高齢者介護のために勤務している職員は、初対面の高齢者とならお年寄りの気持ちを考えながら、うまく接することが出来るが、高齢者もいろいろな病気を経験してきているし、認知症の人もいろいろ症状があるといった不安があったようだ。職員は工夫しながらご利用者様と日々接し、その中からその人を理解し症状を和らげたり、生活の中でケアを提供することができるようになっていくものだ。したがって、初対面の人はどういう人なのかもわからないのは当たり前であり、だからこそその人に関わり、その人を理解し、好きになって興味を持ち、毎日を安心して生活していただくように支援してくことが大切ではないだろうか。利用したその人たちを理解していく姿勢に徹していくと、実はたまたまその人が何らかの障害を持っていたに過ぎないことが理解できる。高齢者と同様に障害者とも関わることで理解が深まっていくものであるし、そ

うしていくべきであると考える。

　そのような話し合いを重ねながら、そこでわからない症状や病気はお互いに勉強をし、協力をして行こうという結論に達したのである。現在はそのような不安がなくなりお年寄りと一緒に生活し、障害者は若いから動きが活発でお年寄りに怪我をさせてしまうのではないかという当初の心配はない。

　筆者自身もいろいろな人の人生に触れながら、完全な人は存在しない、実は自分も含めみんなが障害者なのではないかと考えるようになっていた。

③　**職員研修**

　ほとんどの職員が芹澤さんのご厚意によって、富山の施設見学や泊まり込みの実習を行うことができた。その結果、「うちの施設と同じようだ」「うちでも出来る」「今まで自分は何をしてきたんだろう」などと、非常に前向きな感想が聞かれたのである。「共生」に対しての不安という問題は解消された。

3 ふじのくに型サービスの障害者の方の利用方法

　開所にあたり障害者3名の方が登録をし、「ふじのくに型サービス」は出発した。現在は、永遠の家の利用者さんは登録27名、そのうち障害者6名である。

【Kさん】
　女性44歳。統合失調症。
　ご本人の希望で不安になったときに来たいと曜日を設定。
　通いサービスと宿泊サービスの利用をする。

【Nさん】
　男性46歳。ダウン症。
　宿泊サービスと通いサービスの組み合わせで週5日利用。

【Uさん】
　男性61歳。統合失調症。
　年末年始はヘルパーと宅食サービスが休みで、宿泊サービスを利用。
　ダウン症の方を見て「俺と同じだ」と涙ぐみ、よく面倒をみてくれた。

　今は、障害者の方が好きなパズルをしていると、お年寄りが自然に寄って来て「昔やったよね」と懐かしそうに声をかけてくれる。一緒にパズルを楽しむ光景も見られるようになった。

　高齢者がテレビを見ているときなど、障害者の方が勝手にチャンネルを変えることもあり、初めは怒っていた高齢者の方が「仕方ない、電気のことが俺よりできる」と諦めながらも認めることができるようになった。自分の家で孫のわがままを聞くお年寄りの姿である。

　また、障害者の方の悩みを親身になって聞いてくれる認知症のお年寄りが、親身になりすぎて逆にそれが悩みの1つになり、職員が間に入り負担を軽減することもある。

　障害者の人がお年寄りの車いすを押して散歩に出かけたり、自分からできる掃除、洗濯干し、洗濯を畳んだり、台所仕事をしてくれたりと、障害者の方たちも自分の家でお手伝いをしているように、自然な形でお年寄りと関わり、お互いできるところをサポートし合って生活をしている。

偉いね。私も昔やったよ。一緒にジグソウパズルしよう。

何探してる？　一緒に探そう。

4 ふじのくに型福祉サービスの課題

（1）ワンストップケアを目指すふじのくに型福祉サービス

　一般的には行政の福祉担当の部署として一括りだが、その中には高齢者は介護保険担当課、障害者は障害保険担当課に分かれている。それぞれの課が独立して業務を行っていることが多く、これが縦割り行政である。

介護保険法の仕組みと障害者総合支援法の仕組みでは、介護保険法のほうが先進であるため、体制が確立されていると思う。また、サービスの種類及び施設の数では、高齢者介護の方が圧倒的に多く、このような状況下では、障害福祉の方が、いわゆるお願いする立場とならざるを得ない。介護保険担当課は、補助金や高齢者の利用機会などの問題があるとなかなか協力が難しい場面も見られる。

　行政ばかりでなく、障害者の方が施設や小規模多機能居宅介護事業所との連携も完全に確立できているわけではないと思う。障害者の方は、介護保険利用のお年寄りと違い、ふじのくに型福祉サービスを利用されているだけでなく、日中は他の施設を利用されている方もいる。介護保険では、ケアマネジャーがいて各々の利用者さんの計画をたて、職員は利用者さんが生活しやすいように支援している。利用も小規模多機能居宅介護事業所のみのため、利用者さんのことは分かり易いが、障害者の方は、日中利用されている施設との連携はあまりないのが実情である。障害者の方の訪問もないので、どのように生活されているのかは、ご家族からの情報や宿泊した職員の記録から情報を得ることに頼らざるを得ないというのが現状で、残念ながら理解しにくいところがある。

　市民が、安全で安心できる生活が送れるよう横のつながりを持ち連携して欲しいと願っている。まさしく、これが実現できると、「ふじのくに型福祉サービス」が目指す垣根のないケア、ワンストップケアができると思っている。

（2）静岡県の現状と課題

現状	・通所介護事業所約1,000箇所、地域包括支援センター135箇所をはじめ、多くの高齢者の介護サービスの基盤の整備
課題	・障害福祉サービスの施設が身近に少ない ・障害者が施設まで通うのが困難である ・保育ニーズの拡大、多様化 ・家庭保育事業（保育ママ事業）の普及 ・山間地等での保育サービス（一時預かり事業、放課後児童クラブ）の不足 ・身近な相談窓口の不足 ・相談内容により窓口が複数にわたり、家族の様々な問題に対処が困難

（静岡県福祉長寿局　長寿政策課）（障害者支援局障害者政策課）ホームページより

（3）報酬

　富山型デイサービスの見学を重ね、共生型福祉サービスを提供していきたいと志を持ち、県の施策としてのふじのくに型福祉サービスの推進が後押しとなって市町の制度が整うことで、障害者の受入が可能となり、我々の目指すサービスが提供できること近づいてきたことに喜びを感じていた。そこで問題なのが報酬である。

ア　小規模多機能型居宅介護の報酬

　小規模多機能居宅介護の報酬は、月定額制であり、介護度により月の報酬が決まっている。今までは、介護度1の利用者様は、通所介護の場合、利用回数に制限があったが、小規模多機能居宅介護施設のサービスが始まったことにより、利用者様の状況および家庭の事情を考慮して毎日でも利用することが出来るようになった。

　利用の有無に関係なく月の報酬が決まっているので、登録者をいかに増やすかが経営側の考えである。

イ　障害福祉サービス（基準該当）の報酬

　障害福祉サービス（基準該当）の報酬は、利用実績により報酬額が決まる。平成27年4月の報酬は、生活介護851単位、短期入所758単位または232単位（1単位約10円）が基本である。短期入所は1泊2日で2日間算定できる（1単位約10円）が、2日目の昼食をとるかとらないかで総単位数が変わる。昼食をとった場合で、生活介護＋短期入所（851＋758単位）、昼食をとらずに帰宅した場合、生活介護＋短期入所（851＋232単位）となり、利用状況に応じても報酬が変わる。

　また、障害福祉サービスは、利用した回数で報酬が給付される。たとえば、生活介護を週に3回の利用で月に約110,000円となる。個人負担もないので、実質収入である。さらに、登録定員が1名分となる。その月利用がされないと報酬は「0」となる。

　そこで、経営者は、障害者を登録するより高齢者を登録した方が、会社経営としたら安心と判断する。現に、市町の登録を返却した施設もある。

（4）方向性

　行政への手続きが不可欠の福祉サービスである限り、行政の横のつながりを密にし、ふじのくに型福祉サービスの諸問題を解決しながら全県へ広がり、ワンストップで安心して暮らせる静岡県になるよう協力して行きたいと思う。

　ふじのくに型福祉サービスは自然の形で、お互いケアしあうことができる、お互いの相乗効果もある、とわかっている。そのため、今後増えていく事業であると思う。お年寄りと障害者の行政の対応が垣根のない本当の意味のノーマライゼーションとなることを期待する。

第6章 小規模多機能型居宅介護における自治体の役割

　富士市障害福祉課の職員のみなさんには、ご家族に「ふじのくに型福祉サービス」について説明をしてピーアールの協力、請求が介護保険と違うため、ご指導していただいたりと多面にわたり協力頂き、感謝している。

おばあちゃんみたいにきれいだったね。あんたのほうがいいよ。

また、来てね。約束。

第7章 年金・医療・介護と後見人制度

❶ 成年後見制度とは

（1） 社会福祉基礎構造改革と権利擁護の視点

　社会福祉事業法制定の1951年以来大きな改正の行われていない社会福祉事業、社会福祉法人、措置制度など社会福祉の共通基盤制度について、社会福祉基礎構造改革の名のもとに社会福祉全般に関わる見直しが行われ、今後、増大・多様化が見込まれる国民の福祉需要への対応がはかられた。

　2000年4月には、介護保険制度の導入が行われ、この制度は、社会福祉基礎構造改革による変革の1つである利用者とサービス提供者が措置制度から「対等な関係の確立」である契約システムへの移行を具現化したものである。

　これにより、福祉サービスの利用は、従来行政による措置という行政が職権によって実施する処分行為が、サービスの必要な利用者が、契約を結びサービスを利用することとなった。契約が適正に実施されるためには適切な情報の提供と、利用者の契約能力が低下した時の擁護システムを整備することが必要となってきた。

　判断能力が不充分な人の自己決定を保証する権利を擁護するシステムの1つとして、成年後見制度が創設された。

　成年後見制度は、サービス利用者の権利が侵害されないように対応す

る法として、民法の一部を改正する法律1999年法律第149号において、高齢社会への対応及び知的障害者・精神障害者等の福祉充実の観点から、自己決定の尊重、残存能力の活用、ノーマライゼーション等の新しい理念と従来の本人の保護の理念との調和を旨とし、従来の禁治産・準禁治産の制度を、各人の多様な判断能力及び保護の必要性の程度に応じた柔軟かつ弾力的な措置を可能とする制度で、各人の能力に応じて、補助・保佐・後見の3類型の制度に改めた。

福祉サービス利用者が有する権利は、人間としての尊厳が守られ、自己実現の機会が提供される、憲法25条においての「すべての国民は、健康で文化的な最低限度の生活を営む権利を有する、生存権、国の社会的使命」である。また、憲法13条では「個人の尊重・幸福追及権・公共の福祉」を定め、基本的人権が保障されるという基本的内容において、普遍的なものとしている。

1997年8月厚生省社会・援護局長のもとに「社会福祉事業等の在り方に関する検討委員会」が設置され同年11月には「社会福祉基礎構造改革について（主要な論点）」をまとめその方向性を示した。「社会福祉基礎構造改革について（主要な論点）」では、社会福祉基礎構造改革以降の社会福祉変革について、①対等な関係の確立、②個人の多様な需要への総合的支援、③信頼と納得が得られる質と効率性、④多様な主体による参入促進、⑤住民参加による福祉文化の土壌形成、⑥事業運営の透明性の確保、の6つに整理している。この社会福祉基礎構造改革以降進められた政策により、福祉サービス利用者自身を取り巻く社会福祉制度自体は大きく変革してきており、それを実現する方策において、従来とは違いが見られるようになった。

第1に、措置制度から契約制度への移行があげられる。措置は行政が職権によって実施する処分行為であり、これに対して、介護保険制度等

は、サービスの必要な利用者が、契約を結びサービスを利用することになる。したがって、契約が適正に実施されるための適切な情報の提供、利用者の契約能力が低下した時の擁護システムを整備することが必要不可欠となっていることである。

第2に、サービス量を確保していくために、従来の市町村、社会福祉法人に加え、NPO等の民間非営利団体、民間営利団体、そして住民などサービス提供は多元化し、公的部門と民間部門が競争してサービス提供するというサービス提供者の広がりをみせていることである。

第3に、専門職が提供するサービスが、利用者の生活と権利を保障するものでなければいけない反面、利用者の権利を著しく侵害する危険性を持っていることから、社会福祉士等の専門職が、職能団体の倫理綱領を基に活動を展開していくことになる。

第4に、老人福祉法、老人保健法による老人保健福祉計画の策定が義務化、障害者基本法によって政府による障害者基本計画と、都道府県・市町村障害者計画の策定義務を明記している。また、社会福祉法では市町村に地域福祉計画の策定を求めており、各計画に権利擁護システムを明確に位置づけるという計画の整備が進められている。

第5に、児童虐待、高齢者虐待、ドメスティック・バイオレンス等において「児童虐待の防止に関する法律」2000年、「配偶者からの暴力及び被害者保護に関する法律」2001年、「高齢者虐待の防止、高齢者の養護者に対する支援等に関する法律」2005年が成立し、虐待の定義や市町村等の立ち入り調査権限、関係諸機関等が規定され、保健医療福祉等の関係機関の連携が重要となってきている。

第6に、自己評価及び第三者評価事業による、事業のチェック、組織の透明性の確保の必要性。組織の透明性とは、利用者のプライバシーの保護、監事・監査制度、サービス評価事業等の第三者によるチェック体

制を強化し情報公開を進めることによって事業の健全化を図るということである。

　以上の6点が社会福祉基礎構造改革の影響による社会福祉の大きな変革であるが、これらは社会福祉基礎構造会改革が示した、①個人の自立を基本とし、その選択を尊重した制度の確立、②質の高い福祉サービスの拡充、③地域での生活を総合的に支援するための地域福祉の充実という理念を具現化していく方策として考えることが出来る。

（2）権利擁護に関する法的根拠

　社会福祉関係に関する法としては、①中央・地方自治体の福祉行政の枠組み、サービス実施体制、機関・団体、人材について記載されている組織・運営に関する法、②サービス給付や運営に関する個別法、③サービス利用者の権利が侵害されたときの対応システムに関する法、の3つに大別することができる。

　①中央・地方自治体の福祉行政の枠組み、サービス実施体制、機関・団体、人材について記載されている組織・運営に関する法としては、「社会福祉法」「厚生労働省設置法」「社会福祉士及び介護福祉士法」「民生委員法」「日本赤十字社法」等で、社会福祉法では、社会福祉事業を第一種と第二種に分け、具体的に列挙しているとともに、社会福祉審議会、福祉事務所、社会福祉主事、社会福祉法人、社会福祉協議会等の組織について定めている。

　②給付や運営に関する法には、「生活保護法」に代表される扶助法制、「児童福祉法」「身体障害者福祉法」「知的障害者福祉法」「老人福祉法」等の育成法制、また、「児童福祉法」に規定された児童自立支援施設などの更正法制、「母子及び寡婦福祉法」には生活安定を図る貸付や雇用等が規定されており、これは援助法制に位置づけられる。

③サービス利用者の権利が侵害されたときの対応システムに関する法としては、「行政不服審査法」等の単独法、「民法」による成年後見制度、「社会福祉法」による日常生活支援事業、苦情対応システムの設置などがある。

しかし、近年の社会福祉基礎構造改革の中での権利擁護の重要性について岩間は、「その背景について概観するならば、3つの要因が指摘できる。第1の要因は、支援を要する人が自分に必要なサービスを自分で選ぶという仕組みに転換されたことである。社会福祉基礎構造改革の主題であるこの措置から契約への潮流は、そこで強調される理念的な側面だけでなく、自分で選べない人や選べる環境にない人をどのように支援するかが大きな問題として浮上している。第2の要因は、深刻な権利侵害が増加していることである。認知症高齢者などへの消費者被害、また子どもや障害者、高齢者への虐待が顕著な社会問題となっている。第3の要因には、2000年12月に出された『社会的な援護を要する人々に対する社会福祉のあり方に関する検討会報告書』(厚生省社会・援護局)にも明らかなように、外国国籍住民、ホームレス、多重債務者、ニート等の新しいニーズやこれまで十分に焦点が当てられることのなかった人たちへの働きかけの必要性が指摘されるようになったことがあげられる」(岩間2007：4)と指摘している。

岩間の指摘する「自分で選べない人や選べる環境にない人をどのように支援するか」というものに対応する制度として、介護保険導入の2000年4月に先駆けて1999年10月より実施された「日常生活自立支援事業(旧地域福祉権利擁護事業)」と2000年4月より実施された「成年後見制度」がある。「日常生活自立支援事業(旧地域福祉権利擁護事業)」は、福祉サービスの利用支援や日常的な金銭管理、書類などの預かりを行っているが、契約の締結については判断能力を有する者に限ってお

り、判断能力がない場合は成年後見制度を活用しながら日常生活自立支援事業を活用していくことになる。

　一方成年後見制度は、民法の一部を改正する法律（平成11年法律第149号）において、高齢社会への対応及び知的障害者・精神障害者等の福祉充実の観点から、自己決定の尊重、残存能力の活用、ノーマライゼーション等の新しい理念と従来の本人の保護の理念との調和を旨とし、従来の禁治産・準禁治産の制度を、各人の多様な判断能力及び保護の必要性の程度に応じた柔軟かつ弾力的な措置を可能とする制度とするため補助・保佐・後見の制度に改めた。

　また、岩間の指摘する第2点目である「深刻な権利侵害」については、近年において高齢者や障害者の年金を家族や第三者が勝手に利用する経済的虐待のケースや、身体・心理的・性的虐待や介護放棄などがあり、子どもや、配偶者、高齢者に対する虐待などに対応するために「児童虐待の防止に関する法律」2000年、「配偶者からの暴力及び被害者保護に関する法律」2001年、「高齢者虐待の防止、高齢者の養護者に対する支援等に関する法律」2005年に成立させ法的拘束力によってその権利を守る仕組みを作った。

（3）成年後見制度の成立と概要

　民法では、従来、判断能力の不十分な人を保護する制度として禁治産者、準禁治産者の制度を設けていたが、禁治産者のすべての法律行為を取り消しの対象としていること、軽度の認知症・知的障害者等に対応していなかったこと、社会的な偏見が強いなど種々の点において利用しにくい制度となっていた。これらのことについて上山（2000：9）は、次のように述べている。

旧制度の禁治産者の契約はすべて一様に取消権の対象とされており、それがどれほど些細な契約であっても、後見人の一存で取り消すことが可能であった。つまり旧制度は、利用者が実際には「できること」まで「できないこと」として画一的に対処し、利用者の最終的な成否を利用者自身の判断ではなく、他者である後見人の判断にゆだねていたわけである（保護の必要性を越えた過干渉の存在）。さらに、旧制度の利用者は広範な資格制限（欠格条項）をも甘受しなければならなかった。

　このような状況の中、自己決定の尊重、残存機能の活用、ノーマライゼーションの理念を踏まえながら、従来の本人の保護という理念との調和を旨として、1999年12月に民法の改正という形で成年後見制度が成立し、2000年度より施行、あわせて任意後見制度・成年後見登録制度の創設と関係法律の整備も行われた。

　この法改正の背景には、フランスでの1968年の民法改正、カナダのケベック州の1990年の民法改正、ドイツでの1990年民法改正に見られるように従来の禁治産・準禁治産者という2類型から3類型に変更された国際的な流れに沿って行われたということもいえる。

　成年後見制度は、「法定後見制度」と「任意後見制度」から成り立っており、法定後見制度は、判断能力の不十分な状態にある本人について、本人や家族の申立てによって家庭裁判所が適任と定めるものを成年後見人に選任する制度で、対象者の判断能力により、①後見、②保佐、③補助の3類型に分類している。

成年後見制度　後見・保佐・補助類型について

	後　見	保　佐	補　助
対象となる方（本人）	判断能力が全くない方	判断能力が特に不十分な方	判断能力が不十分な方
申立てが出来る人	本人、配偶者、4親等以内の親族、未成年後見人、未成年後見監督人、保佐人、保佐監督人、補助人、補助監督人、検察官。4親等以内の親族がいないもしくはいても拒否をしている等の場合は市町村長申し立てもある。		
申立てについての本人の同意	不要	不要	必要
医師による精神鑑定	原則として必要	必要	原則として不要
成年後見人等が同意し又は取り消すことが出来る行為	日常の買い物などの生活に関する行為以外の行為	重要な財産関係の権利を得喪する行為等（民法13条1項記載の行為）	申立ての範囲内で裁判所が定める行為（民法第13条1項記載の行為の一部に限る。本人の同意が必要）
成年後見人等に与えられる代理権	財産に関するすべての法律行為	申立ての範囲内で裁判所が定める行為（本人の同意が必要）	申立ての範囲内で裁判所が定める行為（本人の同意が必要）

筆者作成

　後見、保佐、補助の開始の申立権者は、本人または、判断能力が低下した場合、4親等内の親族、検察官や市区町村長等の申立権者が、本人の住所地の家庭裁判所に対して、後見、保佐または補助開始を申し立てることになる。また、申立権者の所在が不明な場合本人の保護を図るために老人福祉法第32条に見られるように、個別の法律において市町村長にも申立権を認めている。最近では単身老人世帯で申請者が見つからないという場合などはこの方法がとられている。

　任意後見制度は、任意代理の委任契約の一類型であり、本人が、契約

締結に必要な判断能力を有しているときに、精神上の障害により判断能力が不十分となった場合の後見事務について任意後見人に代理権を付与する任意後見契約を締結するものである。

その後、家庭裁判所が選任する任意後見監督人の監督下で任意後見人による保護を受けることができる制度で、任意後見契約は、公証人の関与により適正かつ有効な契約締結を担保する観点から、公証人の作成する公正証書によることが必要となる（任意後見契約法第3条）。

任意後見人の事務（委任事務）の対象については、生活・療養看護、財産の管理に関する法律行為となっており、任意後見人は、成年後見人同様弁護士や司法書士、社会福祉士等の専門職が担っている。

（4）社会福祉士と成年後見業務

日本社会福祉士会では、1996年「成年後見制度研究委員会」を設置し、民法改正についての意見具申を行ってきた。1998年には新しい成年後見制度のスタートを睨んで組織改革に着手し、10月から社会福祉士の成年後見人候補者養成研修に着手した。

社会福祉士は社会福祉の専門職として、福祉サービス利用者の生活全体を考えながら援助活動を行っていかなければいけない。したがってその援助場面においては、本人の意思と援助者が必要と思う福祉サービスや保護が必ずしもマッチしているとは限らない場合も起こりうるという可能性もある。特に成年後見人の場合には、何より「本人の意思の尊重」という価値を具体的なかたちにするということが求められる。

1999年には「日本社会福祉士会成年後見センターぱあとなあ」を設立するとともに、都道府県支部に「支部ぱあとなあ」の設置を進め、2005年には、全国の都道府県支部に「支部ぱあとなあ」が設置された。「支部ぱあとなあ」は2003年4月には成年後見に関わる活動を権利擁護の

課題により明確に位置づけるために「権利擁護センターぱあとなあ」に改称している。

「権利擁護センターぱあとなあ」の運営強化を社会福祉士会としては図ってはいるものの、家庭裁判所からの後見人の受任の要請には十分こたえきれていないという状況も生まれている。その原因として、①依頼のケースが非常に複雑な問題を含んでいること、②社会福祉士の多くが就労をしながらの成年後見活動であること、③各都道府県の「支部ぱあとなあ」で運営委員会当を開催しながら、事例研究や研修の場を確保はしているもの、十分な会員へのフォローアップができていないという状況があることなどから、社会の求める活動に対応し切れていないという現状も見受けられる。

2 年金受給者および医療・介護サービスの必要な方と成年後見制度

(1) 年金受給者および医療・介護サービスの必要な方とは
ア　年金受給者とは

誰でも年をとれば、個人差はあっても若い頃のように働けなくなり、収入を得る能力が低下するリスクなどを背負う。具体的には職場は定年退職となり、収入の道が閉ざされることや、子どもとの同居や仕送りなどの私的扶養のみに頼って老後生活を送ることが困難になるということである。こうした中、どれだけ長生きしても、また子どもの同居や経済状況など私的な家族の状況にかかわらず、安心・自立して老後を暮らせるための社会的な仕組みとして、公的年金は大きな役割を担っている。

公的年金は、高齢者世帯の所得の約7割を占めるとともに、高齢者世帯の公的年金等の総所得に占める割合が100％の世帯が6割強と高く、

また、国民の4人に1人が年金を受給するなど、今や老後生活の柱として定着し、国民生活に不可欠な役割を果たしている。公的年金には、3種類あり、日本国内に住所のあるすべての人が加入を義務づけられており、その人の働き方により加入する年金制度が決まっている。

　国民年金は、日本国内に住所を有する20歳以上60歳未満のすべての人が加入するもので、老齢・障害・死亡により「基礎年金」を受けることができ、農業等に従事する人、学生、フリーター、無職の人などが対象となる「第1号被保険者」。厚生年金保険の適用を受けている事業所に勤務する者であれば、自動的に国民年金にも加入している「第2号被保険者」。第2号被保険者の配偶者で20歳以上60歳未満の人を対象とした「第3号被保険者」の3種類があり、どの制度に加入するかにより、保険料の納め方が異なる。

　厚生年金保険に加入している人は、厚生年金保険の制度を通じて国民年金に加入する第2号被保険者に分類され、国民年金の給付である「基礎年金」に加えて、「厚生年金」を受けることとなる。

　共済（組合）制度は、常勤の国家公務員等を対象とした国家公務員共済組合、常勤の地方公務員等を対象とした地方公務員等共済組合、私立学校に勤務する教職員は私立学校教職員共済組合への加入となり各省庁や地方公共団体の共済組合と日本私立学校振興・共済事業団が保険者となる私立学校教職員共済組合がある。

　年金を受給する65歳以上の人口について見てみると、「人口推計」（総務省統計局）によると、10年後の平成37年では高齢化率が30.3%、20年後の2035年には33.4%が65歳以上になると言われている。

　※以下人口推移に関する推計資料は「人口推計」（総務省統計局出典）

イ　医療・介護サービスの必要な方

　日本は急速な高齢化が問題となっている。特に1947年～49年生まれは、団塊の世代と呼ばれ、約700万人と人口も多く、消費文化や、都市化などを経験した戦後を象徴する世代である。これからは、今まで国を支えてきた団塊の世代が医療・介護の給付を受ける側に回るため、医療、介護、福祉サービスへの需要が高まり、社会保障財政のバランスが崩れる、とも指摘されている。

　2015年団塊の世代はまず、65歳以上の前期高齢者となる。これは2025年問題（団塊の世代が後期高齢者に入ることにより起こるであろう多様な問題）の前の「2015年問題」ともいわれている。2010年に11.1％だった75歳以上人口の割合は、2025年には18.1％に上昇。2010年には現役世代約5.8人で75歳以上1人を支えていたのが、2025年には約3.3人で支えることになる。

　高齢になれば、疾病などにかかるリスクも当然高くなる。厚生労働省が2010年度の年齢階級別ひとり当たり国民医療費をもとに、平成22年完全生命表による定常人口を適用して推計した資料によると生涯医療費

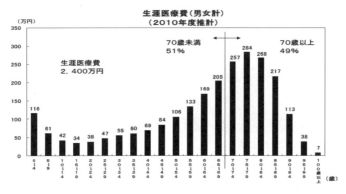

（注）2010年度の年齢階級別一人当たり国民医療費をもとに、平成22年完全生命表による定常人口を適用して推計したものである。　　厚生労働省保険局調査課資料より

の推移は、75〜79歳でピークを迎える。また、70歳以降に生涯の医療費の約半分がかかることが分かる。

　介護について見てみると、内閣府より出された「平成26年度版高齢者社会白書」によれば、介護保険制度における要介護又は要支援と認定された人は、2012年度末で561.1万人となっており、2001年度末の298.3万人から262.8万人増加している。そのうち65歳以上の人について見てみると、2012年度末で545.7万人となっており、2001年度末から258万人増加しており、第1号被保険者の17.6％を占めている。要支援の状況について、65〜74歳と75歳以上の後期高齢者について見てみると、65〜74歳で要支援の認定を受けている人が21.3万人で1.4％、要介護状態にある人は47.3万人で3.0％。75歳以上で要支援の状況にある人は、128.2万人で8.4％。要介護状態にある人は348.9万人で23.0％となっている。これらの数値からもわかるように、要支援・要介護になるリスクは75歳から上昇し、要支援で約5.9倍、要介護では約7.4倍となっている。国民健康保険中央会発表（2015（平成27）年11月分）によると、85歳以上の要介護認定者は299.1万人で、総務省統計局の平成27年度12月1日現在の85歳以上の高齢者数は約506.0万で約60％の人が要支援・要介護認定を受けている。このことは、年齢が増すごとに要介護状態の状況になるリスクが高いということで、成年後見制度の利用についてもその割合が高くなる事を示している。

（2）高齢者の家族と世帯・経済的な状況について
ア　高齢者の家族と世帯
　内閣府の「平成26年度版高齢者白書」によれば、65歳以上の高齢者のいる世帯は、2012年現在、世帯数は2,093万世帯と全世帯数4,817万世帯の43.4％を占めている。65歳以上の高齢者のいる世帯について世

帯構造別割合でみると、3世代世帯は減少傾向である一方、親と未婚の子のみの世帯と夫婦のみの世帯は増加傾向にある。1980年では世帯構造の中で3世代世帯の割合が一番多く、全体の半分程度を占めていたが、2012年では夫婦のみの世帯が一番多く約3割を占めており、単身世帯と合わせると高齢者のいる世帯数が2,093万世帯中1,120万世帯、53.5％という状況にある。

65歳以上の高齢者について子どもとの同居をみると、1980年に約7割であったのに対して、1999年に50％を割り、2012年には42.3％となり、子どもとの同居の割合は大幅に減少している。一人暮らし又は夫婦のみの世帯については、ともに大幅に増加しており、1980年には合わせて3割程度だったものが、2004年には過半数を超え、2012年には53.6％まで増加している。

イ　高齢者の経済状況

高齢者の経済状況を見てみると、高齢者世帯の一世帯の平均総所得は303.6万円で全世帯の総所得平均は548.2万円（厚生労働省「国民生活基礎調査」平成24年）より約250万円少ない状況にある。高齢者世帯の所得の内訳では、公的年金・恩給が69.1％次に稼働所得が19.5％、財産所得が5.8％、仕送り・その他の所得が4.8％、年金以外の社会保証給付金が0.8％となっており、所得の約7割が公的年金・恩給でまかなっているということになる。

3 具体的な事例

(1) 本事例の基本情報

後見の期間	2010年8月～2018年3月
生年月日	1924年生まれ　　92歳　　Dさん
住　　所	A市　自宅（本人名義）2011年3月まで以降 A市　介護付き有料老人ホーム
経済状況	厚生年金：約　9万円：2か月ごとに 共済年金：約49万円：2か月ごとに
介 護 度	当初要介護2　　最終的には要介護4
家族構成	
妻	B県C市在住（A市から約1700キロ離れた離島）認知症あり長女のもとで介護サービスを利用している。
長女	B県C市在住主の妻との2人暮らし。働きながら母の世話をしている。
二女	首都圏在住（外資系企業に勤務し、海外駐在もあり）

(2) 事例の概要と成年後見制度利用の経緯

ア　事例の概要

2010年5月下旬

　市内の大手スーパーの駐車場に自動車が放置されており、警察で調べた所Dさんのものと判明し、警察から町内会長へ連絡が入り、そこから民生委員へDさんの生活状況についての問い合わせが入る。

2010年6月上旬

　民生委員より、地域包括支援センターへ連絡が入り、包括支援センター職員が現地の確認を行った所、家屋は新聞や郵便物など山積し掃除等もされておらずゴミ屋敷のような状態で悪臭もひどく、またDさん

の衣類についてはここ数か月着替え等が行われてなかったような状況が窺われた。すぐに行政の高齢者担当、民生委員、福祉協力員（A市では50世帯に1名の福祉協力員を社協会長が委嘱）、有料ヘルパー（当時関わりを持っていた事業所）、地域包括支援センター職員でケースカンファレンスを行い、かなり認知症が進んでいると思われるので、成年後見の申し立てを行い、介護保険の申請や各種サービス等契約。家屋の清掃や庭木の剪定等の必要があるという結果になった。

2010年6月下旬

長女及び次女がいるものの後見の申し立てについては期待できないことから、A市の市長申し立てによる申し立てを行うこととし、申請を家庭裁判所に行った。

2010年7月中旬

家庭裁判所より「山形県社会福祉士会ぱあとなあ山形」に候補者の推薦依頼があり、筆者が受任をすることで調整を行い山形県社会福祉士会ぱあとなあ山形より家庭裁判所に推薦が行われた。

2010年8月上旬

地域包括支援センターと長女の電話や手紙等でのやりとりから今後の生活について以下のような希望があることが判明し、担当の地域包括支援センターから成年後見人に引き継ぎがあった。

・死後について

　本人は、墓はないがA市内の自宅から近いお寺を希望しているが、長女は大学病院の献体を希望している。

・施設入所について

　長女は「身元引受人にはなりません。死亡時の連絡だけください。」ということを言っている。

・家・土地・車について

施設入所後、売却し本人のために使ってほしい。
・自宅環境整備について
　台所等は専門事業者へ依頼し、本人が支払予定。
・今後の生活全般について
　要介護認定の申請をし、施設入所まで訪問介護等の利用を検討。食事については、弁当配達を継続する。

イ　成年後見制度の利用
　本人は、1924年生まれの92歳である。地元の高校を卒業すると地方公務員となり、定年まで勤務した。その間結婚をし、2人の女の子どもを授かった。
　2人の子どもは、高校を卒業すると首都圏の大学に進学し、そのまま就職をし、現在長女は、九州地方に嫁ぎ、次女は、首都圏に在住している。地方公務員の定年後は、民間企業に数年勤務し、その後は自宅で妻と2人暮らしの生活を送っていた。数年前より、妻への虐待や、認知症の症状が出始めたこと等の理由により、高齢者2人での生活は無理と判断した長女が、妻を自分の住んでいる九州地方へ連れて行き同居するようになった。
　本人は、以後一人暮らしを何不自由なく生活していたが、社会とのかかわりは苦手で、1人自宅にいることが多い生活をしていた。

2010年4月
　A市北部あるスーパーに自家用車を運転して買い物に行き、自分が自家用車で買い物に来たことを忘れてしまったらしく、タクシーを呼んで帰宅をした。長い間、本人の自家用車がスーパーの駐車場に放置され、警察よる所有者を捜索する中で持ち主が判明した。警察から、町内会長や担当地区の民生委員にこれらの状況が伝えられ、自宅を関係者が訪問

したところ、家の中はゴミ屋敷のような状態になっており、民生委員より、担当地区の地域包括支援センターに連絡が入り、訪問と支援が始まった。

　地域包括支援センターの職員によると、昨日の出来事を忘れてしまったり、午前中訪問した職員についても、午後に再度訪問した際には覚えていなかったり、用事があると外に出てはみたものの何で出てきたのか思い出せないといったことが頻繁に起きていた。また、かなり多くの督促状がたまっている状況も判明した。督促状のほとんどが、通信販売による代金支払いの催促状であった。しかし本人は、債権者である業者さんに対し注文した覚えがないと電話で対応しているようであった。

　部屋の中は、ゴミの山状態で、買った物等が山積み状態で、地域包括支援センターの職員等による大掃除を行い、かなりのゴミを処分した。さらに、光熱費の支払についても滞っており、ガス・水道については使用できない状況が続いていたが、水道だけは、行政の判断で一時的に使用できる状態にした。食事については、本人が料理を作れる状況ではなく、1日1回市販の弁当を民生委員が届けている状況となった。しかし、本人による支払が出来る状況ではなかったために、すべてにおいて滞っている状況は変わらず弁当代・光熱費等の滞納分の支払、通信販売による代金の支払い等何の支払いもできずDさんによる財産管理が不可能な状況となっていた。

　地域包括支援センターの職員の話では、財産の把握も含め調査しようと本人に説明をしながら、金融機関に連れ出そうと試みたが、実行には至らなかった。地域包括支援センターの職員が家屋の清掃等を行った時に発見された通帳について記帳をした。このような財産管理状況でもあり、さらに、食事の不安等生活全般にわたり、1人での生活は不可能に近く、グループホーム等への施設入所が必要（ただ、本人の性格上、素

直に施設等への入所を承諾するとは思えない状況)、判断能力の低下による悪徳商法に狙われることも想定され、介護認定の申請も必要であるが、早急な成年後見制度の利用が欠かせない状況であった。

(3) 後見人としての業務

　2010年8月上旬家庭裁判所からの成年後見の審判が下り、家庭裁判所から、東京法務局への登記が終わり実際の後見業務に取り組み始めた。本人の要介護認定に関しては地域包括支援センターで手続きを進めていたので、筆者が受任した段階では、要介護2の判定を受けていた。本人の状況から施設入所が望ましいのか、在宅での生活を続けるか判断が難しい状況であったが、本人の生活能力が思ったより高かったことと、本人が自宅で過ごしたいという強い希望を持っていたので、しばらく在宅での生活を続けていくということにした。

　介護保険によるホームヘルパーの利用を1日1回お昼前の時間帯に入れるケアプランを作成し、食事については、ホームヘルパーが、その日のお昼ご飯、夕御飯、次の日の朝ご飯を作って、夕御飯、朝御飯については、本人がそれを電子レンジで温めて食べる。またホームヘルパーは、その時間に食事を作るのと並行して部屋の掃除や、入浴の介助といった仕事をした。8月の下旬にDさんの同意を得ながら地域でこれからも生活が継続できるように、自宅を会場に①Dさん、②ホームヘルパー事業所の代表と担当ホームヘルパー、③地域包括支援センター社会福祉士、④担当民生委員、⑤福祉協力員、⑤町内会長、そして⑥成年後見人で、現状の生活の確認と、それぞれがどのような役割を担っていくかについてのケア会議を開催した。このケア会議は、冬季間に入る11月頃にも行った。

　成年後見人となってすぐに行ったことは、上記のような生活の環境を

整えることから始まり、ホームヘルパーが食事を作るのも炊飯器は使えない、ガスレンジ等も使えない状態であったので炊飯器の購入やガスレンジの取り替えを業者に依頼をした。

　後見の審判が確定すると、1か月後までに財産目録を作成し、年間支出予定、後見方針をまとめて家庭裁判所に報告をすることが義務付けられており、第1回目の報告を出したところ、申し立て時の預金から多額のお金が引き落とされているのが判明した。申し立て時から後見人が選任されるまでの間に、九州地方に住む長女がA市に戻り、本人の預金を引き出していたようで、長女にその事実を確認すると、たくさんの請求書が来ていたのでそれを支払うために現金を引き落としたということであった。引き出した金額から実際に本人の負債の弁済のために支払った分の領収書を添付して報告を求め、その内容について家庭裁判所に追加で報告を行った。その後、ホームヘルパーによる支援のみでの在宅での生活にリズムも出てくるようになり、特に大きな問題はなかった。

　冬の季節が近づいて来る中で、家屋が非常に老朽化していることと、本人が部屋の掃除等がうまくできず、今まで使用していた反射式の石油ストーブで、しかも灯油はポリタンク数個を玄関において使用していることなどから火災の危険性が非常に高かったので、屋外に灯油タンクと小規模なボイラーを設置して暖かな空気だけが室内に入り込む方式の暖房器具を取り付け冬期間に備えた。この間、後見人の定期的な業務としては、ホームヘルパー事業所との情報の共有、定期的な自宅訪問による生活状況の確認、郵便物等の整理及び必要な諸手続きなどである。

2011年2月下旬

　担当民生委員より、Dさんが田んぼの中で血まみれになっており、今救急車がきているという連絡を受ける。救急隊員に電話がかわり、これから病院に搬送する、搬送先がわかったらまた連絡を入れるという内容

であった。数分後また救急隊より連絡があり、市立病院へ搬送したということであった。病院へ駆けつけると、両方の顎の骨が骨折しており、また頭部裂傷という状況であった。成年後見人としては医療同意ができないことを医師に伝え、どうしても医療同意が必要となる治療をしなければいけない時は、九州地方に住む長女にお願いしたいことを伝えた。ただし、入院の手続きについては、成年後見人には包括的な法定代理権が帰属しているので成年後見人として入院の手続きを行った。

　数日の入院後に担当医師より、顎の骨折は手術ができないということで自然治癒を待つ。頭部裂傷については、傷がふさがり特に今後の医療行為は必要無いということで退院を求められた。自宅に戻りヘルパーの支援があっても在宅での生活は困難と判断をし、ケアマネジャーと相談をし、とりあえずすぐに利用出来る特別養護老人ホームのショートステイを利用することにし、その手続きを行った。

　その数日後に3.11東日本大震災が発生した。筆者は仕事の都合で被災地支援に行かなければいけなかったことから、ショートステイの利用期間2週間、その後の退所先も今後どうしていくのかも全く決めることができない状況になった。福島県の被災地での支援を行っていたが、電話も思うように繋がらず、その間ケアマネジャーにかなりの部分をお願いせざるを得なかった。ケアマネジャーから介護付き有料老人ホームであればすぐに入所出来る施設が見つかったという連絡をもらい、すぐにその施設への入所を進めて欲しいということを伝えた。ただ、まだ被災地での活動中であったので、入所に関する契約等の諸手続きは山形に戻ってから契約をさせていただくということを伝えた。山形に戻り介護付き有料老人ホームの入居手続きを行ったのは3月下旬になっていた。

2011年3月〜

　居所を、自宅から介護付き有料老人ホームに移動したことにより、年

金等関係機関に住所変更の手続きを行い、施設での生活が始まった。施設は建物も新しく、スタッフも良く教育されており、非常に平穏な生活を続けることができた。成年後見人としての業務も、定期的な訪問による施設のソーシャルワーカーとの生活状況の確認、本人の状況確認、施設利用料や日常小遣い程度の金銭管理が日常的な業務となった。また、空家になった自宅については、庭木の手入れ、冬期間の除雪を中心にしながら管理を行った。年に1度家庭裁判所に後見報告を提出するとともに、九州地方に住む長女と妻に裁判所に報告した後見報告書の写し、施設から筆者に送られる施設だより等を送付し状況の報告をした。

2013年8月下旬

2011年3月より施設利用が始まり、特に大きな問題もなく2年が経過した時に、2013年6月からは、認知症が進み当該施設だけでは対応が困難ということがあり、ケアマネジャーや施設のソーシャルワーカーとも相談を行い、精神系の病院で運営している認知症専門のデイサービスを週2〜3日利用するようになっていた。このような状況の中長女と次女が面会に来てくれることになった。後見人が選任された当時は、非常に親子関係が悪く、本人のことについては「死亡したときのみ連絡をください。」と言っていた家族が面会に来てくれることになったのである。成年後見人として、施設での生活の様子や、空家になっている自宅の状況などをこまめに報告していく中で、少しでも家族関係の修復が図られたのではないかと思った。

当日、施設で面会することとなり、私も同席させていただいた。施設での生活や今の認知症の状況等を施設側から説明し、私の方から経費的なものや自宅管理上困っていることなどを相談させていただいた後に居室に向かった。始め、Dさんはキョトンとした顔をしていたが、少し時間が経過するとなんとなく思い出したようで、にこやかな笑顔となって

話が弾んだ。また当日は、サプライズで長女の長男とその子ども、Dさんからすれば孫とひ孫も居室を訪れ和やかな時間が過ぎた。長女、次女はその後自宅の状況も確認をし、A市を離れる時に、成年後見人の私に、「とにかくわがままな父親です。私たちは遠くにいるものですから、とにかく後見人さんにご迷惑をおかけしますが宜しくお願いします。」という言葉を残してくれた。

2016年2月中旬

　施設のソーシャルワーカーより、「昨夜救急で市立病院に搬送しました。」という内容の電話があった。1月に入り体調の状況が思わしくなく通院をしていたという報告は受けていたが、緊急入院しなければいけないような状況にまでなっているとは思わなかった。病院で施設のソーシャルワーカーとともに医師の説明を受けた。腎臓の機能が弱まっており尿を排出できない状況になっているということであり、敗血症と診断され病状は一進一退の状況であることが告げられた。もしもの場合、医師に対して成年後見人として出来ることとできないこと、できないことが起きた場合は、親族である長女と何らかの形で連絡をとって欲しいことなどを伝え様子を見ることにした。数日後、医師から長女に対して現在の病状、今後の見通しなどが伝えられた。2016年3月上旬には、病院に長女、次女、長女の長男が駆けつけてくれた。特に長女の長男は献身的な看護をしてくれた。残念ながら投薬の効果なく、3月19日旅立つことになった。葬儀は家族葬として営まれ、長女、次女夫婦、長女の長男家族そして成年後見人の筆者と約5年間お世話になった有料老人ホームの施設長の参列のもと、しめやかにそして厳かに執り行われた。遺影の笑顔は、残された家族そして私たちに優しく何かを語りかけているようだった。

　被後見人の死亡により、法定後見の終了となるが、任務終了に際して

管理の計算、後見等の終了の登記申請、財産の引渡し、家庭裁判所への報告等の職務を行わなければならない。管理の計算については後見の場合民法第870条に定められており、2か月以内に行わなくてはいけない。具体的には成年後見人が管理していた成年被後見人の財産についての収支状況報告書と財産目録を作成し、相続人に報告しなければいけない。

4 具体的な事例に関わった関係機関団体の役割

今回の事例に関わった関係機関とその役割について整理をしてみる。

（1）A市福祉推進部長寿支援課

長寿支援課の業務は、保健福祉計画・介護保険事業計画の策定・実施、介護保険制度の趣旨普及、所管に係る福祉相談の実施、老人福祉法（昭和38年法律第133号）の施行、福祉施設整備及び維持管理、地域支援事業の実施、介護予防を要する高齢者保健、介護予防及び生活支援事業の推進、所管に係る社会福祉事業及び社会福祉団体、地域・密着型サービス指定・指導監督となっており、今回の事例については、市長申し立てを行ってくれた。

（2）A市成年後見センター

成年後見センターは、A市行政より、A市社会福祉協議会が受託をしているセンターで、住み慣れた地域で安心して生活を継続していくために、認知症などでしまい忘れを繰り返す、財産管理ができない、子どももいないし将来を心配している方などの権利を守る成年後見制度の説明や活用法の情報提供、申し立ての手続き等についての相談を受けている。

A市成年後見センターの中に設置されている、「ケース方針調整会議」では、市長申し立てが必要と思われるケースに関して、速やかに受任の調整を進め、本人及び親族が安心して生活ができるよう支援するために調整会議を開いている。調整会議のメンバーは、弁護士会、司法書士会の「成年後見センターリーガルサポート」、法人社会福祉士会の「ぱあとなあ」の専門職後見を行っている団体から各1名と、法人後見に取り組んでいるA市社会福祉協議会より1名の計4名で構成されている。

（3）A市地域包括支援センター

　地域包括支援センターは、高齢者の在宅生活に関し不安のある方や、介護・介護予防について、社会福祉士、保健師、主任介護支援専門員といった各種専門職が相談に対応しており、介護や介護予防が必要な高齢者が、適切な医療・保健・福祉のサービス等を受けられるようしている。A市では市内13か所に設置されており、中学校区に1か所を目処に設置されている。

　主な業務は
・在宅生活に関する総合相談（訪問、電話、来所）
・地域福祉権利擁護や成年後見制度に関する相談
・高齢者への虐待の対応（状況確認、関係機関との連携）
・介護予防に関するケアマネジメント
・包括的・継続的なケアマネジメント
・公的保健福祉サービスの利用申請手続きの代行や利用調整
・各種サービスに関する情報提供、広報及び啓発
・高齢者向けの住宅改修に関しての助言　　などである。

（4）居宅介護支援事業所

要介護認定（要支援の認定を含む）の申請の代行や、認定後に、居宅で介護を受けようとする要介護者や要支援者、その家族の状況、生活環境、希望に応じたケアプランを作成し、適切な居宅サービスが提供されるよう、事業者との連絡調整を行うなど、在宅での介護を支援する。

（5）訪問介護事業

訪問介護員（ホームヘルパー）が居宅を訪問して、食事、排泄やおむつ交換、着衣の交換、寝具の交換、車いすへの移動、通院・通所・外出などの日常生活動作の介護、料理、洗濯・洗濯物の乾燥・洗濯物の取り込み・洗濯物の収納、掃除、食品や日用品の買い物などの日常家事の介護を行う。

（6）民生委員・児童委員

民生委員は、厚生労働大臣から委嘱され、それぞれの地域において、常に住民の立場に立って相談に応じ、必要な援助を行い、社会福祉の増進に努める方々であり、「児童委員」を兼ねており、全国に約23万人委嘱を受けている。A市には489人の民生委員・児童委員が配置。

（7）A市福祉協力員

福祉協力員は、町内会長より選任され各地区社協会長の推せんにより市社協会長が委嘱している。

町内会の約50世帯に1人の割合で配属され、担当地域にある福祉問題を発見し、町内会役員・民生委員児童委員などと連携し種々の福祉サービスにつないだり住民同士で助け合っていく仕組み（小地域福祉ネットワーク）づくりを行っている。A市には約1,500名の福祉協力員

が委嘱されている。

（8）介護付き有料老人ホーム

介護等のサービスが付いた高齢者向けの居住施設であり、介護が必要となっても、当該有料老人ホームが提供する特定施設入居者生活介護を利用しながら当該有料老人ホームの居室で生活を継続することが可能である。介護サービスは有料老人ホームの職員が提供している。

（9）認知症対応型通所介護（デイサービス）

認知症対応型通所介護とは、認知症の方が、デイサービスの事業所を訪れて行う入浴、排泄、食事などの介護、そのほかの日常生活を送るうえで必要となるサービスや機能訓練（認知症の利用者を対象にした専門的なケアや作業療法等の実施）を行っている。

（10）町内会長

町内会は、その住民等によって組織される親睦、共通の利益の促進、地域自治のための任意団体・地縁団体とその集会・会合で、町内会には、会長や副会長や会計の他、各種委員会（環境・交通・体育等）組織を作り住民の自治活動を進めている。町内会長はそのまとめ役となっている。

5 まとめ

（1）地域での見守りネットワークの整備

今回の事例で取り上げたDさんは、共済年金と厚生年金のダブル年金を受給している方で、経済的に問題の無い方であった。一方で、地域とのつながりが非常に稀薄で、地域の老人クラブへ活動への参加や町内

会への協力などはなく、社会的孤立状態にあり、引きこもりのような状態で生活を送っていた。ゴミ屋敷問題がマスコミでよく取り上げられるが、Dさんのように社会的孤立の状態にある人は非常に多く、このような事例はDさんのみならず今日の社会的な課題である。

　Dさんの居住するA市においては、社会福祉協議会が福祉協力員の配置や地区社会福祉協議会の組織化を進めていたことにより、小地域での見守り活動や、福祉協力員と民生委員の連携、民生委員と町内会長との連携というものがうまく出来ていた。警察から町内会長、そして町内会長から民生委員・福祉協力員へと情報が共有され地域包括支援センターに繋がり、地域包括支援センターの専門的な支援が入ったことにより、成年後見制度まで繋がった事例であり、地域で生活する要支援者を日常的に見守るネットワークをいかに作っていくかということの大切さを教示している。

（2）市長申し立てと成年後見センター

　A市福祉推進部長寿支援課により、家庭裁判所に成年後見の申し立てが行われた。A市では比較的早い時期から成年後見事業には積極的に取り組んでおり、地域包括支援センターが設置された2006年には「A市成年後見制度利用支援事業実施要綱」も作成し、地域包括支援センターに寄せられる成年後見申し立ての相談に対応できるような準備を進めていた。また、今回の事例では申し立て時に「A市成年後見センター」が設置されていなかったが、その後、2013年にA市成年後見センターが設置されてからは、そのセンター機能として「ケース方針調整会議」を実施している。この「ケース方針調整会議」は市長申し立てが必要と思われるケースに関して、速やかに受任の調整を進めるため、弁護士会、司法書士会成年後見センターリーガルサポート、社会福祉士会ぱあとな

あの専門職後見を行っている団体から各1名と、法人後見に取り組んでいるA市社会福祉協議会より1名の計4名で構成され、事前に関係団体で後見の受任をどこの団体で受けるかということを前もって協議する場となっている。それぞれの専門職団体の得意分野や、専門職が個人で受任するのには問題が複雑で対応困難なケースなどは市社協の法人後見で対応するなどの検討を行い、その意見を添えて家庭裁判所に申し立てを行うことにより、家庭裁判所での業務がスムーズにいくとともに、事前に専門職団体での情報が共有されることにより、成年後見人の推薦依頼がきた場合にスムーズに受任まで進む環境を作り出している。

（3）在宅生活時・施設利用時での成年後見制度の利用

　認知症の高齢者が在宅で、しかも1人で生活するということは多くのリスクを抱えての生活となる。この事例では、そのリスクをいかに少なくしていくかということで、本人にも参加していただき関係者の調整会議を行っている。Dさんに関わる介護保険によるサービスの提供や専門職、地域のインフォーマルな資源も活用しながら生活全体を支えていくという視点でそれぞれが役割分担を行った。在宅の場合、当然のことながら、常に成年後見人が見守っているという訳にはいかない。適正な福祉サービスや、福祉以外のサービスの活用を成年後見人が調整していくことと、また、このような調整会議を行うことによって地域の方々に認知症を正しく理解していただくとともに、いざという時の体制整備が必要となってくる。

　在宅で生活していた被後見人が施設利用になると、在宅時と比べ成年後見人の業務は非常にルーティン化される。具体的には、施設利用に関する料金の支払いと、日常的な生活に関して施設のソーシャルワーカーとの調整や本人への面接による状況の確認ということになる。定期的な

施設訪問を行い被後見人の状況を的確に判断するとともに、施設ソーシャルワーカーとの調整による生活支援方策を決定していくことが大切である。

　在宅にせよ施設での生活にせよ、あくまで本人がどのような生活をしていきたいのかということを大切にしながらサービスの調整が必要である。他にも社会福祉士として成年後見活動を進めるにあたって重要なこととは、家族・親族との連絡調整である。この度の事例では当初成年後見人に選任された段階で、Dさんと家族の関係は非常に良くない状況であった。在宅での生活及び施設に居所を移してからも成年後見人として特に意識したのは家族間の人間関係の修復である。生活状況をこまめに報告しながら生活状況を理解していただくこと、相続人として、相続するであろう不動産の管理や処分についても考えていただくようにした。最終的には事例の詳細にも記したように家族葬という形で見送ることもでき、今後の不動産の管理等にも責任を持って対応していただくことになった。成年後見人としてDさんが在宅でそして施設でいろいろなことがあったが、最後、家族に見守られ旅立てたことを成年後見人として嬉しく思っている。A市行政当局、A市社会福祉協議会を始めDさんの生活を支えてくれた方々に感謝をし、この事例の取り組みのまとめとしたい。

引用文献
1．岩間伸之（2007）「高齢者の尊厳と権利擁護―積極的権利擁護の推進に向けて―」『実践成年後見』20号4－11民事法研究会
2．上山泰（2000）「成年後見と身上配慮」筒井書房

参考文献
1．古川考順（1998）「社会福祉基礎構造改革―その課題と展望―」誠信書房
2．浅井春夫（1999）「社会福祉基礎構造改革でどうなる日本の福祉」日本評論社
3．小林昭彦・大門匡（2001）「新成年貢献制度の解説」金融財政事情研究会
4．内藤さゆり・宮城孝（2004）「成年後見制度とコミュニティソーシャルワークの展開」『日本の地域福祉』18号 44 − 54 日本地域福祉学会
5．山形県社会福祉士会・山形県介護支援専門員協会・山形県成年後見制度連絡会こまくさ（2006）「地域包括支援に関する調査報告書」山形県社会福祉士会・山形県介護支援専門員協会・山形県成年後見制度連絡会こまくさ
6．神奈川県社会福祉士会編（2007）「地域包括支援センター社会福祉士相当担当職員実態調査」神奈川県社会福祉士会
7．松川正毅（編）成年後見における死後の事務（2011）日本加除出版株式会社
8．日本の将来推計人口（平成24年1月推計）（2012）国立社会保障・人口問題研究所
9．平成26年度版　高齢者社会白書（2014）内閣府

第 8 章 地域貢献としての認知症サポーター養成講座

1 焼津市の概況

　静岡県焼津市は東京から西へ 193 km、名古屋から東へ 173 km、京浜・中京のほぼ中間、静岡県でも中央部に位置する。年間平均気温 17 度、冬季の降雪もまれな温暖な気候で北は遠く富士山を望み、高草山や花沢山などの丘陵部を境にしている。東に駿河湾、西南は一望に大井川流域の志太平野が広がる。

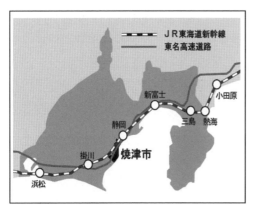

焼津市公認キャラクター
「やいちゃん」

人口：141,610 人
世帯数：55,514 世帯
高齢者人口：39,140 人
高齢化率：27.6%
面積：70.31 平方キロメートル
（2016 年 3 月末日現在）

焼津市は遠洋漁業の基地として主にカツオやマグロが水揚げされる焼津港と近海・沿岸のアジ・サバなどが水揚げされる小川港の2つを総称した焼津漁港の整備、東名高速道路の開通等により漁業とそれに伴う水産加工のまちとして発展してきた。2008年11月1日には旧大井川町と合併して、シラスやサクラエビが水揚げされる大井川港が加わり、海に向けて拓けたまちづくりを行っている。

　さらに活力あるまちを目指して「ひとがキラリ　海がキラリ　まちをキラリ～活力と自然の恵みに満ちたまち　焼津～」を将来の都市像として、様々な施策に取り組んでいる。

2 焼津市の認知症サポーター養成講座

　厚生労働省より「認知症を知り地域をつくるキャンペーン」の一環として、認知症サポーターキャラバン事業が2005年度から始まった。焼津市では「みんなが安心して暮らせるまちづくり」を政策課題に位置づけている。2006年度より認知症対策の1つとして認知症サポーター養成講座がスタートした。当初は、焼津市主催の講座や依頼を受けた団体向けに開催する講座が主体であり、民生児童委員協議会や医療機関等でも開催してきた。しかし、対応できるキャラバン・メイト（以下「メイト」と言う）が少ないという現状であったため、独自のチラシを作成して市内の自治会を通して住民への啓発活動を実施した。地域包括支援センター主催による市民講座を開催する等、少しずつ広がりをみせていった（表1）。

　近年は、主に地域住民の集いやボランティア団体等を対象に開催する機会が多いが、地元の金融機関が全行員を認知症サポーターとして養成したり、焼津市の新規採用職員研修のカリキュラムに採り入れたり職域

にも少しずつ浸透してきている。その主な要因として、認知症への関心が高まってきたことや、ホームページの開設等による周知が考えられる。

表1　認知症サポーター養成講座開催状況（最近の5年間の状況）

受講団体種別＼年度	2011	2012	2013	2014	2015	合計
一般住民（ボランティア含む）	14	11	5	14	16	60
民生児童委員			3			3
小学校		2	1	1	1	5
中学校				1	1	2
高等学校	1	1	1	1	1	5
大学		1			1	2
一般事業所				3	9	12
スーパー・商店					1	1
金融機関	3		6	4	1	14
介護事業所	2	4	2	3	5	16
公共団体			1	1	2	4
合計回数	20	19	19	28	38	124
受講者数	874	717	1004	1185	1723	5503

　また、認知症サポーター養成講座参加後のアンケートによると、認知症への症状、認知症の方への接し方の理解が深まっていることが分かる（以下、図1・図2参照）。アンケートは、2015年総受講者1,723名に実施し、回収率は93.3%であった。

【認知症の理解について】

認知症の理解は深まりましたか？

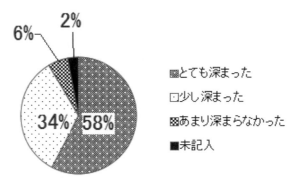

図1　焼津市の認知症サポーター養成講座2015年度アンケート結果より

【印象に残っている内容】

印象に残っている内容はありますか？

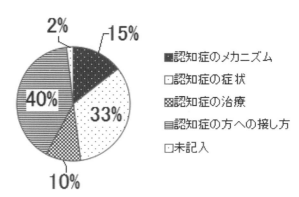

図2　焼津市の認知症サポーター養成講座2015年度アンケート結果より

さらに、受講者の声の中で講座の感想や自分でできそうなことをアンケートから抜粋したものは、以下の通りである。

- 近所を歩いている不安そうな人にも、ちょっと関心を持ちたいと思いました。
- 現在義母の介護（認知症）真っ最中です。毎日接していると感情にながされてしまいがちですが、今回の講座を受け少し気持ちが楽になりました。ありがとうございました。
- 認知症の知識が深まり、今までよりきちんと接する事ができると思います。
- 身の回りにはあまりお年寄りがいませんが、いずれ親が…と考えてイメージするととてもためになり、どこかで活かせればと思いました。
- 偏見を持たず、相手の言葉を理解しようとするよりも、気持ちをわかってあげられるように接する事が大切だと思いました。
- 認知症の方でも1人の社会人として普通の対応をしたい。普通の対応をするためにはたくさんの知識が必要でそれを意識して行動したい。どう対応すればいいのかわかったので焦らず話し掛けてみたいと思う。
- 話し上手、ほめ上手、聞き上手、寄り添い上手になりたいと思います。
- 誰でも自身の行く道と思う事が大切だと思いました。
- 認知症でなくてもみんなで言葉をかけ合う。
- 声かけの仕方や生活習慣病の見直しと食事の話が参考になった。
- 近所に認知症の方がいたら、温かく支える。
- 認知症であるないにかかわらず、人との接し方を意識していく事が大切だと思いました。
- 養成講座を受けるのは2回目になります。公私共に本日の講座を活かせると良いと思いました。
- 友人や知人にサポーター養成講座の事を知らせすすめる。

メイトは定められた受講要件に合う対象者が、県や市町が開催する研修会を受講して登録される。2016年3月末現在、焼津市には131人のメイトがいる。民生児童委員や介護施設の職員、地域包括支援センターの職員、認知症の家族会代表、市職員等様々な立場の方がメイトとなり、認知症サポーター養成講座を通して、焼津市の認知症対策に関わっている。

焼津市のメイトが誕生した当初は一部のメイトが中心的な活動を行っ

ており、手探りの状態だった。そのため、当時の中心メイトは、焼津市が行う養成講習会やメイトの研修会運営等のお手伝い的な活動を行っていた。そのような中で、メイト同士のつながりの必要性や講師となる人材を育成するため、メイト自身の質の向上（スキルアップ）等が課題としてあがってきた。そして、メイトとしての自覚を再認識し合い組織化した会を作りたいとの思いが生まれ、メイトの連絡会が作られた。連絡会の話題は、認知症サポーター養成講座開催方法、新たなメイト養成、活動の進め方が中心だった。2013年4月に焼津市キャラバン・メイト連絡会の定例会にて規約を制定した。その当時は、認知症サポーター養成講座の講師育成を中心とした活動で誰でもできる講座をモットーにパワーポイントによるマニュアル化等を進め、さらに活動が活性化した。現在は事務局（焼津市）と運営委員を中心に活動の方向性やメイトの役割や講座の持ち方を確認して、メイト全体には連絡会で伝達、意見交換等を行い、意識の共有化を図っている。

　近年では年に数回の定例会の他、スキルアップ講座を開催して、メイトの意識の向上を図っている。

　認知症サポーター養成講座を地域づくりの形の1つとして位置づけ、「認知症になっても安心して暮らせるまち焼津」につながることを意識して、認知症について地域の方に正しく理解してもらうことを目的に開催している。また、受講対象者（年齢や職種等）に合わせた内容を取り入れたり、認知症を他人事でなく自分のこととして意識できるようにできるだけ視覚に訴える工夫をしている。メイトの一人一人が個性あるスタイルで認知症当事者の思いに寄り添い、正しい理解を深めることを基本に個々の思いも加えて講座を開催している。最近ではサポーターが地域で活躍するためのシステムづくりとして見守り隊の育成を検討し、話し合いを進めている。

焼津市では2015年度にのぼり旗と「認知症の人にもやさしい場所」と表記したステッカー（A5サイズ）を作成した。ステッカーは認知症サポーター養成講座を開催した企業等に配布している。認知症はまだ誤解の多い病気の1つでもあるため、認知症当事者の視点に立ち、それぞれの立場で何ができるかを考え、行動を促すきっかけづくりとして発信していきたい。

　焼津市の認知症施策として、正しい知識の普及啓発はとても重要だと考えている。活動当初と比べ、市民の関心も高くなり、講座の開催も増えている。今後はさらに正しい知識の普及啓発に重点を置きつつ地域の力を高めるために活動の幅を広げたいと考えている。

「認知症の人にもやさしい場所」と表記したステッカー

3 劇団と協働にいたるまでの経緯と開催

　浪蔵劇団の劇「認知症高齢者への接し方～浪蔵じいちゃんを守れ～パートⅡ」（パートⅠは悪質商法関連）は、2012年2月に住民向けに認

知症サポーター養成講座として開催したのが最初の講座だった。方法として初めに劇を通して認知症のイメージ、支える家族の姿が受講者の心に深く残り、その後、メイトが専門性を高めた講話により、理解を深める形で開催している。初回開催後、浪蔵劇団代表の山口浪男氏より、地域福祉の充実のためにと「地域がそだてる福祉の輪」をモットーに連携の提案をいただいた。それをきっかけに協働した開催を始めた。現在まで主にキッズサポーター養成講座の際に協働開催をしている。また、団員の1人がメイトとなり、活動の幅も広がりつつある。

　劇団の誕生のきっかけや認知症サポーター養成講座を初めとする詳細な活動についてはこの後の「6．浪蔵劇団代表山口浪男氏の思いとその活動」に掲載しているので読んでいただきたい。

　どの講座も正しく認知症を理解することを目的に開催している。もしかすると認知症という言葉から色々なイメージを持ちやすく難しいテーマではあるが避けて通れない高齢社会の問題だと考えている。浪蔵劇団はそのテーマに対してユニークな演劇手法をとり、登場人物の会話やしぐさをユーモアを交えて、家庭的な温かさを醸し出していると思う。劇を見る人の心に吸い込まれていくような、ごく自然体で登場人物になりきっているように見える。劇を通して日常生活の中で起きている、もしくは起こりうることが受講者の心を揺さぶっているのではないだろうか。劇とメイトによる講話が重なり合って理解が一層深まっているものと思われる。

　また、公演当日はユニークな演劇手法に加え、その地域の地域性を加味したり、受講者の場所も一部舞台化したりして、受講者を巻き込んでふれあいや会場との一体感を大切にし、「楽しさと学び合い」をモットーに公演している。団員の思い、受講者の反応が劇団活動のエネルギーの一部になっている印象を受ける。

第 8 章 地域貢献としての認知症サポーター養成講座

　浪蔵劇団では、認知症サポーター養成講座以外にも高齢者学級や民生児童委員の研修等で依頼に応じ、劇を公演している。浪蔵劇団と焼津市が共同開催した認知症サポーター養成講座は以下のとおりである。

【現在までの共同開催】
開催時期	対象
2012 年 2 月	地域包括支援センター主催（市民向け）
2012 年 12 月	市内大学
2014 年 1 月	市内小学校 4 年生
2014 年 7 月	市内中学校
2014 年 11 月	市内小学校 4 年生
2015 年 10 月	市内中学校
2015 年 11 月	市内小学校 4 年生

［浪蔵劇団］　浪蔵じいちゃんへの回想シーン、感謝の場面

浪蔵劇団と焼津市が協働で講座を開催した時のアンケートの一部をこちらに掲載する。

◎開催時のアンケート（講座を受講しての感想）
※PTA教育講演会の保護者の声
・劇が話だけよりも印象に残り、身近に感じて分かり易かった。一人一人の気持ちに添えるように努めていきたい。
・私たちが高齢者となった時、どのような扱いをされるのかは、今、私たちが子どもたちにどう教育していくが反映される。認知症の方が激増する時に備えて若い世代の理解が必要である。今後も定期的に行ってほしい。講話の内容も素晴らしかった。
・とても心が温まり涙があふれた。1人で悩まず楽しく過ごすことが大切だと思った。
・子どもが失敗するとつい怒ってしまうが、1人の人間として自尊心を傷つけてはいけないと気づいた。子どもたちや私たちを見守っていただいている地域の方にお返しできるように、今日の講座を心に留めて生活したい。
・介護というと怖くて辛いイメージがあった。予想以上に温かくすっと心に入る内容で勉強になった。
・楽しさと学び合いが両立しており、心に訴える素晴らしい講座だった。
・世の中の弱者に対して上からの目線でなく人と人としての尊厳を持って対応することが大切だと思いました。
・私には認知症の祖母がいたが2年前に他界した。どう接したらいいのか戸惑うことがあったことや、つい傷つけるようなことを言ってしまったことを思い出した。言ってしまった後に「ごめんね」と心の中で思うのだが、伝えることができなかった。是非たくさんの人に観てもらいたい。

4 焼津市のキッズサポーター養成

　小学生や中学生がサポーターになることは認知症の人のみならず、高齢者等に優しい心を育むことにもつながり、とても重要なことだと考えている。焼津市でも市内の小・中学校への呼びかけを行い、福祉の教育の場で認知症をテーマに開催するよう提案している。試行錯誤を重ね、学校との協働を考えるが、なかなか実績につながらなかった。

　初回は 2012 年 10 月に社会福祉協議会と協賛し、メイトである認知症地域支援推進員が開催したキッズサポーター養成講座だった。劇やアニメーションを通していかに認知症のことを分かり易く伝えられるかを基本に行った。浪蔵劇団との協働は、2014 年 1 月に市内の小学校で開催したのが初回だった。最近の開催例を掲載する。

【市内小学校4年生を対象にした開催例】

時間・内容	ねらい
10 分 　挨拶・スタッフ紹介 　本日の趣旨説明	・受講の目的を意識する
35 分 　「浪蔵じいちゃんを守れ パートⅡ」(浪蔵劇団) 　　良い対応と悪い対応 　　・記憶障害 　　・被害妄想 　　・徘徊	・認知症の高齢者の具体的なイメージを持つ。 ・認知症の方に関心をもつ。 ・対応について考える。
10 分　休憩	

20分 「認知症ってなあに？」 　①脳の病気 　②症状	・認知症は誰でも起こる脳の病気であることを知る。 ・認知症ってどんな病気か正しい知識を整理する。
15分　DVD（アニメ）	・認知症の人や家族の気持ちを深める。 ・高齢者に対する思いやりの心を育てる。
10分 　オレンジリングの説明 　認知症サポーターの役割	・認知症の人への対応の気づき ・自分にできることを考える。 ・認知症の人にも優しいまちとは？

［浪蔵劇団］　徘徊時の場面、退職して20年経つから勤めに行かなくていいんだよ!!

　特に小学生向けには本来、台本にある認知症当事者への暴力的な言葉等は使用せずに思いやり、家族の助け合いをキーワードに開催している。開催前には劇団、学校、市職員、メイトの4者で打ち合わせを行い、当日の流れの確認、会場の下見を行うことにしている。開催回数は多くはないが、養成講座が定例化している小学校では、後日、介護施設の見学を行い、福祉の学習につなげている。また、学校公開日の発表の際、認知症をテーマに挙げる児童が複数いる。講座を修了後、さらに自ら深めた認知症の知識を他の児童、来校した保護者等に積極的に発表してい

第8章 地域貢献としての認知症サポーター養成講座

る。高齢者にも優しい思いやりの心の育成につながっていると感じている。

キッズサポーター養成講座を開催した時のアンケートの一部を次に掲載する。

> ◎小・中学生の学びの反応
> ・劇などをやってもらい言葉でしか知らなかった「認知症」を内容まで教えてもらえたので、少し学びが深まって良かったです。
> ・劇でやった認知症の症状がどんな風になっていくのかがすごく分かり易かった。
> ・認知症の人について今までのイメージとは全く違っていたので驚きました。貴重な時間、講座を行っていただき、ありがとうございました。
> ・浪蔵じいちゃんがちょっと間違えても家族の人たちがとても優しくしてくれたので、自分が認知症になっても、この町の人たちが登場人物のように認知症を受け入れて優しくしてくれれば大丈夫だと思いました。町の中に認知症の人がいたら助けていきたいです。
> ・私も祖母が認知症です。少しイラついちゃって怒ることもあったけど、祖母にも気持ちがあるんだなと思いました。これからは祖母の事も考えて祖母中心に考えていきたいと思いました。
> ・祖父が認知症でどう接していけばよいのか分からなかったけど、今日の話を聞いて認知症について知ることができ、もっと祖父と良く接することができると思う。
> ・今までは「何こいつ」みたいに思っていたけど認知症の人もつらい気持ちを持っていたから優しくしようと思った。

［浪蔵劇団］　嫁に財布を盗られたと信じ込むおじいちゃん

5 協働による意義と今後の展望

　認知症サポーター養成講座として大人だけでなく小学生にも劇（ナレーターの的確な解説）と観劇後のメイトの講話により、分かり易く伝えられるため、対象の幅に広がりができる。また、協働による講座で自分や家族のこととして認知症を身近に考えるきっかけとなり、状況をイメージ化できるため、どう接したらいいかをより具体的に考える機会になっている。

　地域住民である浪蔵劇団の団員が、受講者に近い立場で公演をするため、参加者の心に響きやすいのだと感じる。さらにメイトが正しい知識を伝えることで、認知症当事者の目線に近い思いやりのある行動や考え方につながると考えている。

　今後はキッズサポーターが市内の全小・中学校に広がっていき、焼津市の小・中学生が認知症の学びをきっかけに、高齢者等に手を差し伸べられる優しい気持ちを育むこと、認知症サポーターが地域に根付き、具体的な取り組みを考える仕組みづくりを展開していきたい。そのために自治体はもとより、地域の絆や力、つまり近所の理解や支援が大切であると考えている。

6 浪蔵劇団代表山口浪男氏の思いとその活動

（1）自治会活動における福祉活動の推進

　住民の自治組織としての自治会は、自分たち住民の問題を自分たちで解決していく自治そのものであり、コミュニティづくりの担い手である。少しでも自立した自治会にしたい、顔の見える自治会にしたいとい

う自治会役員の熱い思いから、2009年の事業の柱の1つに福祉活動の推進を位置づけた。

　特に近年、近所の人たちの絆が薄れつつあり、新たな福祉コミュニティの再構築が叫ばれている時であり、一人一人の顔が見え、世代を超えたふれあい交流のできるご近所福祉の実現が大きな課題であると捉えた。

　折りしも「静岡発（地域発）福祉文化の創造」の実践活動されている静岡福祉文化を考える会が、静岡県から「1人でも安心して暮らせる地域づくり」の事業を委託され、そのモデル地区として、県福祉文化を考える会より、焼津市小川第11自治会（約3,600世帯）に住民参加の公開型研修会としての要請もあり、2009年12月自治会主催の事業に取り組んだ。名づけて「ご近所福祉2009イン小川」。

　地域の公民館を拠点に地元自治会の高齢者をはじめ、地域のボランティア委員、自治会役員、一般市民等300名余が参加した。地域住民とともに、これからの長寿社会をいかに築きあげていくか地域ぐるみの福祉活動の実践である（ご近所福祉事業は毎年実施）。

（2）楽しさと学びを届ける浪蔵劇団の誕生

　福祉活動の課題解決は、自治会が福祉力を持たなければならないという認識のもとに、住民に見える視点から多彩な企画に取り組んだ。

　その1つに地元住民5人（男性2人、女性3人）で寸劇を演じた。現在、社会問題になっている悪質商法をテーマとした「危険がいっぱい悪質商法」の防犯啓発の寸劇である。悪質な訪問販売や還付金詐欺、孫を語る振り込め詐欺の実態紹介。被害者、悪質業者、家族をコミカルに演じ、各地域で笑いと教訓を参加者に届け大きな喝采を頂いた。このことが転機となって浪蔵劇団の誕生となった。

この防犯寸劇は、地元の焼津警察署が積極的に協力してくださり、所轄の生活安全課と提携したのをきっかけに市外の警察署にも連絡をとって頂き焼津市をはじめ、各市町の警察官が特別出演して臨場感を醸し出している。
　上演する会場は、各市の文化センターや地域の公民館、公会堂、学校等である。
　こうして新しいコミュニティづくりの一環としての劇団活動がマス・メディアに広く報道され、市内外からの公演依頼が相次いでいる。
　2016年3月末までに展開している浪蔵劇団の寸劇数は、以下のようになっている。

●楽しさと学びを届ける浪蔵劇団
演題の1　『危険がいっぱい悪質商法 ～浪蔵じいちゃんを守れ～ パートⅠ』
※焼津警察署生活安全課と提携

内容（悪質商法や振り込め詐欺への注意を呼び掛ける防犯劇）

1幕1場	（還付金詐欺）	詐欺師の指示に従いATMの操作をして口座より振り込む
2場	（高額ふとんの訪問販売）	浪蔵じいちゃんと詐欺師とのやりとり
3場	（おれおれ詐欺）	息子を名乗る詐欺師を信じ込む浪蔵じいちゃん 3つの場に嫁が登場、浪蔵じいちゃんが注意される
4場	（受講者への話）	受講者に公演地域のおれおれ詐欺の実態と注意事項を話す （時には現役の警察官が登場、実態と注意事項を話す）

受講対象者：主に地域のふれあいサロンの高齢者対象、各地域の老人会等

演題の2 『認知症高齢者への接し方 〜浪蔵じいちゃんを守れ〜 パートⅡ』
※焼津市長寿福祉課と提携

内容（認知症による行動への対処の仕方と家族の支え合い）

1幕1場	（記憶障害）	朝ごはんを食べたのに食べないと興奮する
2場	（被害妄想）	嫁に財布を盗られたと信じ込む
3場	（排尿・暴力行為）	不潔行為に対する家族の支え合い
4場	（目的を持った徘徊）	現役との錯覚や徘徊行動をする
5場	（家族の会話）	浪蔵じいちゃんへの回顧と家族の支え合い

受講対象者：主に一般団体、民生児童委員会、小学校中学年以上・中学生・大学生
　　　　　　学校PTA関係者等認知症サポーター養成講座受講者

（3）浪蔵劇団からのアプローチ

「危険がいっぱい悪質商法」の公演に引き続き2作目も、射水市小杉福祉会の施設長であり、小杉爆笑劇団顧問でシナリオライターの松浦佳紀氏から頂いた原作を基に、認知症について劇団員で学びながら創作した。

現在、日本は超高齢化社会に入り認知症のあり方が大きな社会問題に入っている。いつまでも住み慣れた地域で生き生きと暮らしていくために、認知症予防に家族や地域がどのように関わっていけばよいのかをテーマにした。

題名は「認知症高齢者への接し方～浪蔵じいちゃんを守れ～パートⅡ」である。内容は、浪蔵じいちゃんと家族のやり取りを通して、記憶障害や被害妄想、目的を持った徘徊、ラストシーンは家族の浪蔵じいちゃんへの回想と感謝など認知症の症状や対応の仕方を学ぶものである。「危険がいっぱい悪質商法」の寸劇（1時間）は高齢者向きに、「認知症高

齢者への接し方～」の寸劇（35分）は自治体を初め地域福祉の理解をいただくために民生児童委員協議会や市内の小・中学校、自治会、公民館での社会学級講座にもお願いしたい旨、焼津市長寿福祉課に提言した。

　劇団の主旨に理解を得て、2011年9月に焼津市長寿福祉課と連携した。全くの素人劇団ではあるが、マス・メディアに報道されてから認知度が高まり、クチコミでパートⅡの「認知症高齢者への接し方」の劇も、市内の各自治会や市の認知症予防講座、地区福祉推進協議会、県モラロジー教育研究会、市内外の民生児童委員協議会等からの公演依頼に積極的に応えてきた。

　厚生労働省より2015年1月に認知症施策推進総合戦略「新オレンジプラン」が策定された。基本的な考え方は「認知症の人の意思が尊重され、できる限り住み慣れた地域のよい環境で自分らしく暮らし続けることができる社会の実現を目指す」ということである。7つの柱が示されており、その1つに認知症への理解を深めるための普及・啓発の推進がある。具体的内容も示されて学校教育等における認知症の人を含む高齢者への理解の推進が掲げられ、特に小・中学校で認知症サポーター養成講座の開催が示された。

（4）市・長寿福祉課と劇団の協働

　焼津市は、認知症サポーター養成講座を推進するにあたり、劇団から市内の小・中学校に公演依頼をしている。学校側の希望する公演日に合わせて、市の原案をもとに事前に市職員、担当メイト、劇団員と学校職員の4者で劇と講話の内容、時間調整等詳細に行ってミーティングを行い万全の準備をしている。

　特にA小学校4年生に対する劇の公演にあたっての配慮事項は、他

焼津市の職員を対象に開催しているサポーター養成講座

者への思いやりを中心に優しい言葉で、短いフレーズでゆっくり話す、家族の暴力的な言葉等カット等の教育的配慮もしている小学生版ということで、思いやりをテーマに「おじいちゃんの困り感を想像したり、孫に共感しながら、弱者に対する思いやりや家族の助け合いの大切さを感じる」ことを目標に設定した。同校は4年生に進級すると、福祉活動の授業として実施しており、校内に友だちへの思いやりの行動が育っているという。

　また2014年7月にB中学校、2015年10月にC中学校でPTAの教育講演会の一環として、生徒は総合学習の授業として開催し、それぞれ生徒と保護者の約400人ずつ、認知症サポーター養成講座を受講した。

　各学校とも初めに浪蔵劇団の劇を観劇して認知症高齢者の症状や対応の仕方を学びその後、メイトによる講話やDVDを視聴して高齢者に優しく接することの重要性を学んでいる。

　また市内D小学校では学区の保育園・幼稚園・小学校・中学校の保護者、教職員の合同教育講演会として認知症高齢者への接し方の劇を開催した。その他、E大でも2012年12月に大学をあげて授業に位置づけ、

積極的に取り組んだ。

　市と浪蔵劇団の連携や協働は、認知症サポーター養成講座として異彩を放っているのではないだろうか。

　アンケートの一部を掲載しているが、受講者の日頃の反省や気づき、決意そして講座への感謝等々をみると、浪蔵劇団と自治体の協働による「認知症サポーター養成講座」がこれほどの大きなインパクトを与えていることに驚いている。浪蔵劇団との協働が焼津市における養成講座の特質であると思う。

◎浪蔵劇団へのエール（アンケートより）
- １つ１つの場面を自分の家庭に置き換えてわが親を振り返ることができました。皆様の熱演に感動しました。楽しい劇団のご活躍お祈りいたします。
- 楽しい劇を見せていただきありがとうございました。老人の衰えをユーモアに包んで表現する姿に共感と安心感を感じました。
- 避けて通れない高齢社会の問題をユーモアを交えて温かく演じていただき心にスーッと入った。これからも世代の枠を越え頑張ってほしい。
- 顔を背けることなく正面からぶつかっていくヒントをもらった。
- 劇を通して訴えることがこんなにも説得力があると思わなかった。
- 「楽しさと学びを届ける浪蔵劇団」の劇に感動しました。また５人の気持ちは１つになって楽しく活動している姿や楽しく社会貢献している姿を見て、人と人とのつながりを大切にすることや社会の一員として多少なりとも活動していくことを意識させられました。
- ボランティアであるがゆえに活動がよりいきいきし、浪蔵劇団の５名の皆さまは大きな刺激を与えてくれました。人のため社会のために生かされている自分を感じるほど生きいきすることはありません。私たちも自分の生きがいづくりをしなければならないと思うと深く考えさせられました。これからも活動を絶やされることなく多くの人々にその生き方、活動の姿を示してやっていただければと思います。ありがとうございました。
- 今日のような思いやり、想像力に富んでいる劇を行ってくれる方が何人かいて社会が明るくなると思います。

（5）「浪蔵じいちゃんの独り言」

　劇団公演で各地のお礼や励ましの手紙・アンケートなどに改めて目を通すと、今日まで息の合った仲間たちとずっと続けてきて良かった。歳を重ねていつの間にか体の中に『浪蔵じいちゃん』が住みついているような気がする。（中略）毎朝、祖父の浪蔵、父母の遺影に一礼する。「万年初歩・今日出発」である。大事にしている好きな言葉である。惰性で一日が終わってはならない。いつも新鮮で、さあ、今日も明るく元気で過ごそう。

　その心根が劇団の誕生につながったのかなあと思う。嬉しいことに拙い素人公演ではあるが、各地で皆さんに喜んでいただくことが自分の生きる喜びになっているし、生きがいそのもののような気がする。ちょっとしたきっかけで『浪蔵劇団』の誕生になったのだから、先のことは誰にも分らないものだとつくづく思う。まさか、まさかである。1回きりの寸劇が、何回も新聞で報道されるとは思わなかった。既に200回を超え市民劇団としての認知度も上がり今まで静岡県モラロジー教育研究会の社会貢献優秀賞等6つの賞をいただいたのも嬉しい限りである。

（6）浪蔵劇団の立場から考える課題

　認知症サポーター養成講座の更なる広がりを求めて、次の5点があげられる。
① 小・中学校で講座の継続化を希望する。また、多忙化する学校のカリキュラムの中で講座の時間の確保をしてほしい。
② 市内高校にも同様に開催してほしい。
③ 自治会活動に福祉活動を推進し、世代を超えたふれあいづくりをしていきたい。
④ 見える福祉、分かる福祉の原点として養成講座の多様な企画、自治

会への取り組みのアプローチをしていきたい。
　⑤社会貢献を希望する人も多くきっかけづくりや働きかけが課題。

7 おわりに

　受講者の声からも分かるように浪蔵劇団の劇が認知症の理解を深める講座としてだけではなく、地域住民がボランティアとして活動する姿にこれからの超高齢社会における社会貢献の意義と生きがい活動の参加の姿を見ることができる。浪蔵劇団代表の山口氏が、受講者の声を「浪蔵劇団へのエール」と称していることからも分かるように、参加者の思いや声を活動のエネルギーとして団員のやりがい、生きがいにもつながっていると感じることが多々ある。さらに舞台を飛び出してそのまま浪蔵じいちゃん一家が存在するようなリアリティ、チームワークの良さが受講者の気持ちを引き付けるのだと思う。
　団員の皆様が楽しんで活動されている姿をそばで見ているとスタッフであるこちらも自然と温かい気持ちに包まれ、力を頂いている気がする。
　今回、この原稿を作成するにあたり、浪蔵劇団代表の山口氏を初めとしてメイトや関係するいろいろな方とお会いし、話をする中でたくさんの思いを知るきっかけとなった。そして地域住民でもある浪蔵劇団、メイトの皆さんたちの人としての素晴らしさ、地域資源としての大切さを再確認することができた。読んでいただいている方々にもこのことを理解していただけたと思う。これからも焼津市の地域資源をつなぎ、認知症になっても安心して暮らせるまちづくりを充実させていきたいと考えている。このような機会をいただいたことに感謝し、結びの言葉としたい。

第9章 自治体と認知症カフェ

1 山形県認知症相談・交流拠点「さくらんぼカフェ」

　本稿では、日本で初めて行政委託型による認知症カフェを開催した「さくらんぼカフェ」について、その誕生経緯や行政との連携について述べていく。

(1) 山形県の概況

　山形県は毎年8月に開催される「山形花笠まつり」や、収穫量日本一の「さくらんぼ」で有名である。山形県は、13市19町3村からなり、庄内地域、最上地域、村山地域、置賜地域の4地域に分けられる。山形県統計企画課「山形県の人口と世帯数」によると、2016（平成28）年2月1日現在における山形県の人口

出典：山形県 HP より
http://www.pref.yam

は、男性 538,418 人、女性 581,446 人で、合計 1,119,864 人である。世帯数は 393,792 世帯で、三世代同居率も高い。

（2）事業計画過程
1）山形県の構想
　山形県健康福祉部は、2016（平成 28）年 1 月に「山形県認知症施策推進行動計画」を公表した。この計画の趣旨は、山形県が取り組むべき認知症施策の具体的な目標水準を設定し、平成 27 年度から平成 29 年度までの 3 か年にわたり、目標達成のための工程や手段について山形県独自のものを策定し、認知症になっても安心して生活できる地域社会を実現しようと取り組もうとするものである。この計画が策定される前から既に「山形県認知症施策推進協議会」が設置されており、認知症になっても安心して生活できる地域社会の実現に向け取り組んでいた実績がある。

2）認知症施策推進協力員の誕生
　2012（平成 24）年 9 月に厚生労働省が公表した認知症施策推進 5 か年計画では、地域包括支援センターに地域の実情に応じた認知症施策の企画調整等を行う「認知症地域支援推進員」を配置し、認知症カフェの設置や認知症ケアパスの作成、医療や介護従事者との連携強化などを行うよう求めている。このときから全国的に認知症カフェの設置に関心が高まり、山形県では当初からカフェの展開について志向していた。山形県の担当者は既存の施設では認知症の人も安らげないだろうと感じており、別な空間が認知症の人には必要であり、認知症の人が地域で生活していくためには、居場所となる認知症カフェの存在が絶対に必要だと考えたのである。
　山形県でも認知症地域支援推進員を推奨したものの、実際の活動は、認知症サポーター養成に終始している状況を目の当たりにしてきた。県内に多くの認知症カフェが展開されることが理想であるが、認知症地域

支援推進員に求められている活動が具体的に理解できていないことや、認知症カフェの開設方法が分からないなどから、各市町村が率先して認知症カフェに取り組むことにつながっていかなかった。そこで、県が率先して地域を支援することで、県内全体にも認知症カフェが展開できるのではないかと考え、認知症地域支援推進員の業務のモデルとなる活動を県自らが実践するために、2014（平成26）年4月に認知症施策を担当する健康長寿推進課に認知症施策推進協力員としての職務を新設し、嘱託職員1名を配置した。

　山形県内の認知症カフェ開催数は、2013（平成25）年度5件であったものが、2015（平成27）年度には29件にまで増えてきた（表1）。特に、平成27年度の開設の伸びは特筆に値し、山形県健康長寿推進課の取組みによる効果は大きいといえるだろう。

表1　山形県内の認知症カフェ開催数

年　度	平成25年度	平成26年度	平成27年度
開催場所の数	5件	6件	29件

出典：取材をもとに筆者作成

　この認知症施策推進協力員の配置の効果で、山形県内でも散発的な認知症カフェは次第に増えていったものの、いずれも常設開催までには至らなかった。そこで県では、常設の認知症カフェ（さくらんぼカフェ）を設置することとし、当事者団体の「認知症の人と家族の会山形県支部」に委託した。このことには、あえて専門家ではなく、当事者の気持ちがわかる人たちに認知症カフェを運営して欲しいという、県担当者の熱い思いが込められている。

　「認知症の人と家族の会山形県支部」は、認知症施策が皆無の中、1980年に「呆け老人をかかえる家族の会」として家族会が結成された。

以後、2010年に現名称に変更され、介護する家族のつらさに寄り添い活動を継続してきた。それと並行して、会設立当初から行ってきた「電話相談」や県内各地での「つどい」や、家から出にくい介護者や本人のために「会報」発行等の実績が、業務委託にあたり最大の評価点となった。「さくらんぼカフェ」は、「電話相談」と「面談」機能を備えた全国でも稀な常設カフェなのである。祝日と年末年始を除き、月曜日から金曜日の12時～16時まで開設している。

出典：「さくらんぼカフェ」より提供

（3）開設からの活動実績

1）多岐にわたる活動

　この認知症カフェの特徴としては、いろいろな専門職と交流ができるカフェとなっている点があげられる。

　認知症だとわかっているものの、家族から家族会の関わりを拒否されてしまい、それでも地道に声をかけ続け、8年がかりでようやく「さくらんぼカフェ」につながった方もいる。そして、この居場所としてのカフェの活用によって介護保険サービス利用ができたケースや、成年後見人につながったケースもある。介護ニーズがあるにもかかわらず、介護

保険サービスの利用につながっていなかったケースの背景には、「介護保険事業者などにまだ自宅に来て欲しくない」という家族の気持ちがあることも分かった。

　最近は常時開設であるメリットが活かされ、医療との連携や支援のゴールが見える活動にも発展し、チームアプローチの一端を担えるようにもなっている。これは、公的な委託による常設運営と相談機能を付設したからこそ成し得る業でもある。

　現在もなお認知症であることを知られたくないと思う家族が多いのも事実で、「家族会の封書を送り付けないで」「家に連絡しないで」などといわれることもある。そのため、「さくらんぼカフェ」で介護保険サービスの訪問調査を受ける利用者さんもおり、近所に知られることなく、さまざまなサービス利用につながるよう心を開く入口にもなっている。

　家族間で高齢者虐待が発生した場合、被害者の最後の砦として世帯分離がなされることがある。世帯分離は、その後双方のそれぞれの支援がスタートする第一歩のはずである。しかし、実際は分離された後に残された虐待をしてしまった側の支援が必要であるにもかかわらず、そのことに気づかれないこともある。虐待者の精神的支援が充分とは言えない現状でもある。

　そうしたなか、虐待者は助けを求めさまざまな機関へ相談したにもかかわらず受理してもらえず、「さくらんぼカフェ」が最後の砦となったケースも生まれている。虐待者への支援としても行政と連携し関わっている、いわば虐待者の駆け込み寺としての機能を「さくらんぼカフェ」が果たしたのである。居場所としての「さくらんぼカフェ」は、虐待者本人の相談場所となり、継続して関わることで無職であったその方の就労支援につながり、その後も家族の修復をめざして関わりをもっている。

2）若年性認知症の支援

　国の推計を基にすると、山形県内には300〜400人の若年性認知症の方がいるようであるが、まだ行政や地域包括支援センターなどの支援機関につながっていない人たちも多くいると思われる。診断されてわかっていても、近所の人に知られたくないと思っている人たちもいて、なかなかサービスにつながりにくいという難しさもある。若年性認知症の方は、高齢者デイサービスに馴染みにくいことはよく言われる。山形県内においても、行く場所を選択できずに悩んでいた若年性認知症の方たちがいたことを「若年性認知症の人と家族のつどい（なのはな）」を開催していく中で知ることができ、今後の活動へとつながっている。

　「さくらんぼカフェ」では、メニューの1つに若年性認知症の方の交流機会を設けている。特に毎週木曜日は若年性認知症の方を主とした日としている。また、若年性認知症の人と家族を中心としたつどい「なのはな」は、家族の会と山形市内の認知症疾患医療センターの協力のもと、月1回活動している。その広報にも力を入れてきた。そのことにより、若年性認知症の方のための交流スペースがあることを知って来てくれた人たちもいると同時に、若年性認知症と診断されているのは、自分たちだけではないのだと安心できた人たちもいるのだ。

出典：「なのはな」より提供

出典：「なのはな」より提供

第9章　自治体と認知症カフェ

　木曜日以外にも若年性認知症の方の利用を妨げることなく、いつでも利用してもらえるようにオープンにしている。ご夫婦で来られて、当事者のご主人は仲間や世話人と卓球に汗を流し、昔取った杵柄は今も健在で、白熱するラリーが展開されることもある。介護者である奥様は、介護者同士で日常の苦労話をしているという形ができてきている。このように若年性認知症の方から、自分たちの居場所として受け入れられるようになってきたことは、大きな喜びでもある。

若年性認知症の人が制作した作品

出典：「なのはな」より提供

3）認知症カフェ（出張交流会として）

　そもそも「さくらんぼカフェ」は県の事業であり、広く県民がその活動を享受できることが望ましいが、山形県は前述の通り4つの地域に分かれており、「さくらんぼカフェ」は村山地域に所在するため、どうすれば他の3地域との差を少なくできるか検討を行った。

　受託者である「認知症の人と家族の会山形県支部」は、幸いにも県内

各地で「地域会」としての「つどい」を行うことが、設立当時から活動の中心となっていた。そして、その素地を活かし、遠方の3地域の方への支援として出張交流会としてのカフェを開催することになった。

「認知症の人と家族の会山形県支部」にはそれぞれの地域に世話人がいるというメリットを活かし、最上地域、庄内地域、置賜地域での出張交流会を行い、そこでのカフェは、地元の世話人による地域の特性に根ざしたカフェ活動を尊重し展開されている。

【庄内地域】

庄内地域では、家族の会の世話人が中心となって「つどい」を開催してから14年ほどになる。2011（平成23）年頃より活動が充実し、定期開催ができるようになった。庄内地域は「つどい＆かふぇ」の名称で、酒田市総合文化センターを会場としている。酒田市からの理解と協力を得ながらの活動は、初回参加者も多く会にとってはとても有難いことである。

【置賜地域】

置賜地域では、世話人が中心となって2か月に1回開催することから始まり、好評のため2015年度より月1回の活動となっていった。その実績を米沢市によって評価され、米沢市保健センターの会議室を、本人活動の場所と家族支援の場所として2部屋提供、臨床アートの支援者もいることなど心強いバックアップを得ることができるようになっている。

【最上地域】

最上地域出張カフェは「カフェ七色」という名称で、2015（平成27）

年6月21日にオープンした。この地域には「認知症の人と家族の会」の地域支部がないため、専門職の有志が集まって、喫茶店の空き店舗を活用し、まさに「カフェ」の雰囲気が漂う空間として好評である。地域の社会資源として根付いていくことをめざしている。

出典：「カフェ七色」認知症の人と家族の会世話人より提供

（4）「さくらんぼカフェ」の効果

この事業の効果については、4つの方向から以下のように山形県がまとめている。

> ①認知症の本人に対する効果
> ・明るく笑顔になれる。
> ・出会い、生きがいづくり、懐かしいものに触れる機会があることで症状の進行を穏やかにすることが期待できる。
> ・なじみの場で自由に過ごすことでリラックスできる。
> ・社会的つながりをもつことで生き生きと過ごせる。
> ・これからの生き方について相談することができる。

②家族に対する効果
・同じ境遇の人と出会うことができ、仲間ができる。 ・悩みや思いを吐き出して明るくなれる。 ・息抜きできる。 ・実体験に沿った介護の工夫を学び取る機会になる。 ・本人のいつもと違う姿を見て理解を深めることができる。
③地域住民への効果
・認知症を身近に考えるきっかけとなる。 ・認知症が特別な病気でないことを知ることができる。 ・世代や障がいを超えた住民同士の交流ができる。
④支援する医療・介護職への効果
・認知症の方やその家族と同じ立場で交流することができる。 ・自身の認知症ケアを振り返る場となる。 ・認知症ケアを通した地域づくりを考えるきっかけとなる。

出典:取材資料をもとに筆者作成

最近は企業が認知症について関心を寄せてくれるようになっている。その入口は認知症サポーター養成講座であるが、そのひとつに生命保険会社が何かあった時のための「安心カード」普及活動へ協力の申し出をしてくれ、県内顧客へ手渡してくれた。それらは、企業にとっての社会貢献活動の一端ではあるが、その意識は確実に県内に広がり、他の企業・団体や地域の民生委員などからも「安心カード」普及活動協力の申し出がある。

出典:「さくらんぼカフェ」より提供

（5）協働による意義

　専門職の人たちにとっても、普段の業務とは違う地域ベースのかかわりをすることによって、その人たちの活動の幅が広がり、日常業務のスキルも上がっていくということを「さくらんぼカフェ」の活動から得ることができるようである。例えば、施設勤務の職員が世話人としてかかわることを通して、認知症の方を地域の生活者として見ることができるようになる。反面、施設に勤務していると触れることのできないかかわりを、地域活動の中から理解することにつながり、当然として施設職員の視点から同じ地域での生活者としての視点に変わることにより、本業への幅が広がっていくのである。このような循環的システムとして、地域に根差した活動が必要なのである。

　福祉人材育成という筆者の立場からは、専門性を地域に還元していくことのできる人材になって欲しいと願うが、その願いを実践として具体化する方法が、この「さくらんぼカフェ」にはあるものと思っている。誰もが利用できる「さくらんぼカフェ」は、当事者にとっての居場所、介護者にとっての居場所、専門家にとっての居場所であり続けることが大切である。

　「さくらんぼカフェ」は、自主的に家族の会の世話人などが相談員として活動を支えてくれている。世話人には、認知症の家族を看取った方や専門職の方もいる。常設の相談機能である「電話相談」は、世話人たちによる当番で成り立っている。片道2時間程の距離を運転し、電話相談の当番を担ってくれる世話人、家族会にお世話になったから恩返しとして当番をかってくれる、看取りを終えた世話人などに支えられて運営が成り立っている。そして、県からの委託事業を家族会は担っているという誇りと、そのことによって世話人の数が一般人から専門職へと膨らんでいき、大人数になったという良い点もある。

相談機能が附帯されたことは、相談者にとって必要な機関へつなぐという連携までもが世話人の業務になってきていることも事実である。必要な機関へつなぐという行為は、専門職の世話人であれば普段の業務経験から、難しさを感じることなく実践できる。しかし、専門職でない世話人の場合、不要な負担感を感じさせてしまっていることもあり、これまであまり意識してこなかった点でもある。また、専門家ではない一般の世話人にとっては、県で実施している事業という点で、ある意味敷居が高いと感じてしまい、「ミスはできない」という緊張感を示す世話人もいる。生活背景の違いから生じる支援に対する価値観の違いは仕方ないことであり、専門家でない人たちが負担感を抱えずに参加できるようにしなければならない。一方で、むしろ実体験から真摯に向き合える双方の安心感が、当事者同士の強みと自負につながっていることも事実である。

　当初予測をはるかに超える支え手の存在によって「さくらんぼカフェ」が展開できていることは、県民の理解の賜ものである。県担当者も若年性認知症の人と家族のつどい「なのはな」に参加し、「さくらんぼカフェ」開設当初は、「診断を受けてから他人の前に出るまで何年要した」や「つどいに参加するまで何年もかかった」といった利用者の苦労話を聞かされ、本人の切なる思いや家族の話し合いに触れて来た。現在は県の事業として地域に受け入れられ、県内の保健医療大学や専門学校の学生参加が行われるようになり、その際の活動報告の中には「若い人と街を歩けることはいいな」など、明るい話題に変化して来ている。

　山形県のスタンスとして特徴的なことは、受託側がやらされ感を持つことなく、自由な発想で自分たちのやりたいことを展開していけるように支援すること、また家族会の意義を損ねることなく当事者を支える団体特性を尊重した後方支援に徹した支援を心がけることである。一方、

受託側は常に当事者の立場になった情報の発信と行政への提案を行い、ともに認知症になっても安心して生活できる地域社会を実現して行こうとする姿勢がとても大切である。地域づくりという共通の目的意識をお互いに持ちながら、より良くしていくための労を惜しんではいけないのである。

(6) 今後の展望

「さくらんぼカフェ」に訪問した方にとって、①そこに自分がやれることがあること、②そしてそれらが必ずや誰かの役に立つものであることに気づき帰宅できるような場とすることが必要ではないかと考えている。つまり、そのことが常時訪問する場合の自分の居場所となり、単に訪問するお客さまという立場から脱する一案であろう。

例えば、作業療法士の会員からの専門性を生かした関わりとして現在「しおり」を作成しているが、これは1人で全てを完成させているわけではなく、Aさんにはシールを貼る工程をお願いし、それに

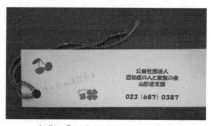

出典:「さくらんぼカフェ」より提供

は型がなく、Aさんの好きなところに貼ってもらい、その次の工程である連絡先シールをBさんが貼っていく。さらに、「さくらんぼカフェ」のスタンプをCさんが好きなところに押すというように、できることをやるということから、自分たちが何かをつくるというきっかを提供できたらいいと思っている。

開設1年目の運営目標は「出会い」である。家族と当事者が自分だけではないんだと思えるきっかけから交流が広がって、2年目は「同士による自立」を掲げている。認知症の人がその人らしさを大切にしながら

社会参加ができること、さらには就労ができるようになることを願い、「さくらんぼカフェ」は居場所づくりを支援している。

　本稿は、山形県健康福祉部健康長寿推進課課長補佐伊藤啓氏（取材当時）、公益財団法人認知症の人と家族の会山形県支部世話人代表山名康子氏、認知症施策推進協力員の藤井陽子氏と家族の会世話人で相談員の目黒祐子氏のインタビューをもとに記したものである。

　吉村県知事も認知症サポーター養成を受講されたことを知り、認知症の人と家族の方の思いに寄り添った施策を実行する、女性知事のしなやかさと心の優しさを垣間見ることができた時間であった。筆者の生まれ育った故郷の行く末を、畏敬の念を込め、山形県と「認知症の人と家族の会山形県支部」が共に手を携えていけるような「認知症カフェ」の今後に幸多かれと願っている。

2 ケアコミュニティ「せたカフェ」

　認知症のご本人とその家族、周囲の人々や地域の住民などが、専門職とともに認知症について、ゆったりとした雰囲気のなかで語り合い、情報交換ができる「認知症カフェ」。2013年には全国で数十か所と言われていたが、新オレンジプランで「認知症カフェ」の普及が奨励されてからは、全国で数百を数えるようになった。世田谷区でも、前年まで5つだった認知症カフェが2015年には16に増えた。内訳は住民団体（5）、医療法人（4）、福祉法人（4）、介護事業所（2）、NPO法人（1）となっている。

　私たちが運営する「ケアコミュニティ　せたカフェ」（以下：せたカフェ）では、2014年9月から「認知症カフェ」と「介護家族のための実践講座」を月替わりで実施、今年9月で3年目を迎える。

　せたカフェは、市民を交えた多職種連携のコミュニティとして、2014年4月にスタートした。「ケア」のキーワードに響く人なら誰でも参加できるという、非常にゆるやかな会である。

　参加者は介護家族・市民・住民、医療・介護専門職・関連事業者、福祉関係職員など。インターネット上のフェイスブックページに事務局機能を持たせ、メーリングリストとブログでそれを補完する。毎月定例で開催する「もちよりカフェ」（第4金曜）という多職種交流会（飲み会）と「認知症カフェ」「介護講座」（第2日曜）を核に、さまざまな講座を開きながら地域と広域で「ケア」のネットワークを広げている。

　せたカフェの特色は、介護家族・住民とケアの専門職がお互いの情報や技術や知恵を出し合いながら、刺激し合う場をつくりあげていることだ。そして、それをケアのまちづくりにつなげるという志向性を、集まっ

た人たちが共有している。他の地域から「もちよりカフェ」に参加した専門職から「介護家族や住民がごく当たり前のようにいる会は珍しいですね」とよく言われるのは、私たちにとって最大の褒め言葉である。

人口90万人の世田谷区にはNPO法人が520（2016年4月30日現在）、任意団体を加えると2,000以上の市民団体があると言われている。しかし、「福祉」ひとつとっても、横のつながりがほとんどない。「世田谷は広いから、ネットワークなんて無理だよ」と言われてきたが、いまやソーシャルネットワーク（SNS）の時代である。これを利用して、市民と専門職が一緒に、世田谷の「ケア」をつなげてみようというのが、私たちが「せたカフェ」を始めた大きな動機だった。

（1）「妄想」から始まった「認知症カフェ」

まずは地域で「顔の見える関係」をつくるために、「妄想」と食べ物一品をもちよる飲み会＝「もちよりカフェ」を開くことにした。「妄想」というのは、参加者が「実現できたら」と考えていることである。その「妄想」1号・2号として、別々の認知症介護家族から出たのが「認知症カフェ」と「介護家族のための実践介護講座」だった。

両者は認知症の理解とケアを地域に広める両輪になるし、介護専門職と介護家族会の主宰者がいるせたカフェにとっては、「明日からできる」企画でもある。提案は拍手で即決されたので、提案者とコアメンバーが1年間のスケジュールを立て、月替わりで実施することになった。

「認知症カフェ」には決まったスタイルはない、と私は考えている。催す場所も、頻度も時間も参加者も、料金もやりかたも名称も主宰者が選べばよく、共通するのは認知症という関心事で集まった人たちが、コーヒーやお菓子を楽しみながら、おしゃべりや意見交換をしてなごやかなときを過ごす、ということだけである。

第9章　自治体と認知症カフェ

認知症カフェ（1）

　カフェを運営しようと考えるとき、最初のハードルになるのは会場の確保だろう。手っ取り早いのは公共スペースだが、「カフェ」という雰囲気に欠けるのが難点だ。
　各地の「認知症カフェ」を訪ねてみると、民家や空き店舗、空き家、地域の交流スペースを利用したり、自宅を開放したり、定休日の喫茶店やデイサービスを利用するなど、知恵や工夫を凝らしながら、さまざまな場所を見つけている。「認知症カフェ」の開設には行政が助成金を出すことが多いが、住民にスペースを提供したり、場所情報を提供するという後方支援をすることも必要だろう。
　せたカフェでは当初、交流会「もちよりカフェ」で利用していた元喫茶店の内装をそのまま残す福祉NPOの事務所を、「認知症カフェ」の会場として使わせてもらうことにした。「介護講座」のほうはベッドが必要なので、同じ地域にあるデイホームに協力してもらった。2015年9月からは、新しくできたデイホームで認知症カフェと介護講座の両方の会場提供を受け、「もちよりカフェ」は、障害者支援のカフェバーに会場提供してもらっている。
　こうした会場を探すには、地域でのネットワークが必要だ。地域に根ざし、多くの人脈をもつ介護職の存在が、せたカフェの大きな強みと

もちよりカフェ

なっている。

　カフェと講座の定員は20人を目安（実際は毎回25人超が参加）とし、参加者の対象は基本的には「ご本人と家族」とした。実際には介護専門職や他区、他県からの見学者も多い。「認知症カフェ」の名称については「認知症と銘打つと参加しにくい人もいるだろう」という意見もあったが「認知症」という言葉をタブーにしないという意味も込め、あえて「認知症カフェ」を名乗ることにした。

　運営費はひとり500円の参加費でまかない、講師謝礼、チラシ印刷費、茶菓代、会場謝礼で収支はトントンだ。助成などを受ければ参加費を無料にすることもできるが、参加者には「参加の意思をもってほしい」と考え、あえて有料とした。

　そして、500円の参加料を取る代わりに、入れたての珈琲、紅茶、緑茶、ハーブティ、麦茶などドリンクメニューを多くし、お菓子も評判のいい障害者支援工房のクッキーにこだわった。受付からコーヒーやお茶の準備、ウェイトレス、道案内役までの「スタッフ」は常連の参加者。参加費をしっかり取られながら、楽しそうに立ち働いている。

　認知症カフェでは、参加者同士のおしゃべりが主体となる。それに加えてせたカフェでは、話題提供として30分程度のゲストのトークと、

全員の簡単な自己紹介を最初に行っている。ゲストは精神科医師、訪問診療医、ケアマネジャー、認知症ケア専門士、訪問薬剤師、施設の施設長、司法書士、家族会主宰者など認知症ケアにかかわる人たちだ。

ゲストのトークでは、要点を絞って効率よく話してもらうため、担当者があらかじめ質問を送り、それに答えてもらう形を取った。ふつうの講座では出ないような質問もあえて組み込み、「ここでしか聞けない話」が出るようにたくらむのが、担当者の密かな楽しみだ。

ゲストはトークのあと、「相談コーナー」で個別の相談に乗る。じっくり質問をしたい人には好評のコーナーだ。後半の「おしゃべりタイム」では「スタッフ」の専門職が各テーブルに加わり、さりげなく話題を提供したり、求められればケアに対する助言をする。家族が参加者と会話ができるよう、ご本人の相手やトイレ介助ができるのも、専門職がスタッフにいるメリットだ。介護職にとっても、多くの家族と率直に話すことで、さまざまな気づきがあるという。

いっぽう、これまでいろんな介護家族向けの講座に通ってきた介護家族が、「こういう講座がほしい」と企画した「介護家族のための実践介護講座」では、ヘルパー、おむつフィッター、理学療法、歯科医、管理栄養士、看護師などの協力を得て、介護実技講習を行っている。わかり

介護講座

やすさに加えて内容的なレベルが高いため、介護専門職も「ためになる」と通ってくるユニークな講座だ。こちらも参加費は500円。ただし、茶菓子は出ない。

　講座で基本的に学ぶのは、日々のケアである。モデルになった認知症ケア専門士が、絶妙の演技でケアを嫌がる認知症の人を演じたり、理学療法士や歯科医がやってはいけないケアの実例を見せたり、参加した介護家族や介護職から矢継ぎ早に質問が出たり、刺激的で楽しい講座が、たくさんの笑いとともに展開されている。

　実技だけではなく、実用的な座学もときには行う。「退所・退院支援」では、講座の担当者である介護家族が、せたカフェメンバーの協力でグループホームから認知症の母親を自宅に戻した事例を取り上げ、かかわった専門職全員がゲストとして参加した。後半は病院のメディカル・ソーシャルワーカーにも加わってもらい、「退所・退院支援」のあり方を参加者全員で考えた。認知症カフェから介護講座へ、という流れをつくったので、両方に参加する介護家族も増えている。

（2）認知症カフェに必要な3つの要素

　隔月の第2日曜日の午後1時半になると、コーヒーの香り漂う「認知症カフェ」には、さまざまな人が集まってくる。介護家族、地域の人、介護専門職、地域包括支援センターの職員、そして、ご本人……。

　認知症のお母さんを、毎回、車いすに乗せてくる介護家族もいる。最初、奥さんと一緒に見えた若年性認知症の男性は、2度目からは1人で訪れるようになった。「認知症と診断されたけど、私、本当に認知症なの？」という疑問を抱えた方が見えたこともある。

　ほぼ毎回、認知症カフェと介護講座の両方にやってくる80代の高齢者男性もいる。1人は自宅で要介護4の認知症の妻を介護。もう1人は

特養に入っている要介護5の妻の食事介助に毎日通う男性だ。

　2人とも実に熱心で、自宅介護の男性は最近ではメモを毎回用意して、ゲストに質問をするようになった。「自分の体験を話したい」と言って話すこともある。もう1人の男性は、介護講座で歯科医から習った口腔ケアを、特養に暮らす妻に毎日実施している。悩んだ末に胃ろうをつけたが、このところ妻の嚥下がさらに悪くなっていると、心配そうに話してくれた。

　「認知症カフェ」は人材と場所さえそろえば、開くことはそう難しくない。地域にカフェの「点」が増えていけば、近所に住む人が行きやすくなるし、選択肢が増えてくる。そして、その「点」をネットワークしていけば、「私が認知症になっても安心なまちづくり」の実現が身近になってくる。認知症への理解も深まり、認知症を自分のこととしてとらえる人も増えてくるだろう。

認知症カフェ（2）

　2015年度に発足した世田谷区の認知症カフェ11のうち、住民団体3つと1医療法人の4つのカフェは、せたカフェのネットワークから生まれた。せたカフェの活動に刺激を受け、地元の教会の地域活動計画に応募し、教会で「カフェ」を開き始めた世田谷で仕事をする仲間もいる。

　関東近県で認知症カフェが盛んなのは千葉県だが、そこで認知症カ

フェのネットワークをつくっている人たちとも、フェイスブックを通じて知り合った。全国でカフェを運営している人たちともフェイスブックでつながり、お互いに情報交換をしているが、カフェがこれだけ広がってきたのは、SNSの力が大きい。

「認知症カフェ」では、私たちのように医療や介護の専門職を交え、介護家族と専門職がお互いに学び合うスタイルが最近増えているようだ。食事を提供するところもあるし、音楽の生演奏や、園芸や手芸、体操やアロマテラピーなどを取り入れているところもある。行政の委託を受けて、介護者の養成講座を行っているカフェもある。こうした自発的な市民の活動を後方支援するのが行政の役割だと思う。

主催者にどんな人材がいるのかで内容は変わってくるが、外してはいけない3つの要素がある。それは、「認知症についてよく知っているスタッフがいること」、「カフェは語らいとお茶を楽しむ場所であること」、「自分がなるかもしれないと考え、認知症のご本人に学ぶこと」。そして、もう1つ、あえて付け加えるならば、行政があれこれ「指導」や「口出し」をしないことである。

(3) 友人の介護と地域活動で学んだこと

せたカフェができるまでには、実は長い道のりがある。編集者、ライターとして長年仕事をしてきた私が、医療や介護をテーマに書くようになったのはこの10年のことだ。きっかけは、15歳年上のお1人さまの友人が認知症になり、その介護が12年前に突然、飛び込んできたことだった。彼女に頼れる身寄りがいなかったことから、介護のキーパーソンに加え、後見人も引き受けることになった。その介護の過程で、2008年に世田谷区が始めた区と区民と医療・介護にかかわる事業者の協働事業「せたがや福祉100人委員会」に参加したのが、地域活動への初めて

の参加だった。

　多くの介護家族と同じように、私も介護ではたくさんの苦労をしたが、その1つが情報の入手の困難さだった。

　「どこにどんな支援があるのかわからない」「どこに医療の相談に行ったらいいのかわからない」「認知症という病気がわからない」「どうしたら少しでも長く自宅生活を続けることができるのか」……。介護家族が悩み苦しみ、ときには間違った介護を続けてしまうのは、こうした情報がなかなか手に入らないからである。

せたがや福祉100人委員会

　「せたがや福祉100人委員会」には区民、介護家族、医療・介護・福祉専門職、障害当事者、ボランティア活動をする住民など多職種にわたる96人の区民が集まり、5つの部会で実践活動を行った。「最後まで在宅で暮らせる仕組みづくり部会」に参加した私は、私たち自身が学びながら、「住民の視点」で介護家族や地域の人たちに在宅ケアの情報を届けようと、部会の仲間とともにシンポジウムや講座活動を始めた。

　「在宅医療」「医療と介護の連携」「終末期をどう迎えるか」「地域で支える認知症」など、当時としてはまだ新しかったテーマで行ったシンポジウムには、区が「協働」の一環として回覧板にチラシを入れてくれたこともあり、毎回、300人以上の区民が参加した。行政が「協働」とい

う視点で市民の活動を後方支援してくれれば、市民にはかなりのことができる、と実感した体験でもあった。

　この活動で私たちが心がけたのは、介護家族に必ずパネラーとして参加してもらう、ということである。さらに、情報を届ける必要があるのは、シンポジウムや講座に足を運べない人たちだと考え、シンポジウムで交流を深めた訪問診療医や歯科医に協力してもらい、デイサービスなど地域に医師を出前する「出前講座」も行った。

　友人の介護とこうした講座活動で、私は多くのことを学んだが、その1つが医療と看護・介護の連携である。専門職が「チーム」を組んで本人と家族を支え、友人や知人、地域の人たちがそれを支援していけば、1人暮らしの認知症の人でも相当なところまで自宅に住み続けることができる。実際、私が現在でも介護のキーパーソンと後見をつとめる友人は、認知症を発症してから8年間、自宅生活を続けることができた。

　もう1つは、いまは「元気中年」「元気老人」でも、いずれは医療や介護のお世話になるかもしれないという当事者意識を、住民自身がもつ必要があるということだ。

　そのためには住民自身が学び、医療や介護の専門職と一緒になって、自分が認知症になっても安心して住めるまちづくりをしていかないと……と考えるようになり、地域にある「ケア」の人材をつなげたい、という思いが次第に膨らんできた。

（4）「カフェ」は人と人をつなぐ場所

　せたカフェの立ち上げには、いくつかのヒントが重なった。2013年に東京大学大学院の有志が運営する医療政策実践グループに参加し、「地域包括ケアの住民参加」のテーマでグループ研究をした。

　そこで成功事例として取り上げ取材したのが、埼玉県幸手市で東埼玉

総合病院の糖尿病医・中野智紀医師と住民が展開する「地域包括ケア幸手モデル」と、滋賀県東近江市の多職種連携ネットワーク「三方よし研究会」の活動である。

「地域包括ケアシステム」の目的が「地域住民の健康」だとすると、ソーシャル・キャピトル理論では、システムのサイクルが回るかどうかは「住民の参加」が大きな決め手になる。そこでこのグループ研究では事例取材のかたわら、全国の医療・介護の住民参加の好事例をリサーチした。その途中で気がついたのが、従来型の「見守り・生活支援・居場所づくり」や「医療支援・地域の健康づくり」を中心とした住民活動に加え、コミュニティカフェから始まったゆるやかなコミュニティ（共同体）である「カフェ」が、新しいうねりとなっていることだった。

"新しいカフェ"というのは「ケアラーズ・カフェ」や「認知症カフェ」、さらにはフェイスブック上で広がる多職種の学びの場「ケアカフェ」「みんくるカフェ」などである。

そこには従来型の活動が抱えていた「支援する側」「される側」の構造を超え、ケアを「自分ごと」としてとらえるやわらかな視点があった。そして市民と専門職がケアの社会性を意識しながら、ゆるやかな学びの場としてつながっているのが特徴だった。ゆるやかさが脆弱さにつながるという面はあるものの、大げさに言えば、カフェというのは新しい住民参加の形、新しい民主主義の芽生えではないか、と私は思った。

いっぽう、幸手と東近江から学んだのは、市民を加えた多職種ネットワークの柔軟な力と、プライマリケアから始まる「コミュニティヘルスのあるまちづくり」への視点だった。「患者よし」「医療機関よし」「地域よし」を掲げる三方よし研究会からは、地域全体でケアのしやすい「田舎」とはちがったケアのコミュニティを、「都会」でどうつくるのか、という課題をもらった。

人と人とが出会う場所である「カフェ」という「点」をつくり、そこから世田谷のケアをつなぎ、コミュニティヘルスのあるまちづくりを発信することができないか。そんな提案に賛同してくれた介護専門職と一緒に、友人・知人に声をかけることから、せたカフェは始まった。

　2014年4月に発足したせたカフェでは、前述したように「もちよりカフェ」という交流会を、毎月1回開いている。ここで持ち寄るのは食べ物1品と「妄想」だが、ゆるやかな中にも筋を1本通すために、「3つのお約束」をつくった。

① 　どんな立場の人も会社や事業所、役所を背負わず個人として参加し、肩書きは関係なく横並びの関係とする。
② 　営業やビジネス目的だけで参加したい人は、ご遠慮を。
③ 　参加者の「やりたいこと」（妄想）は、みんなで話し合いながら後押しする。

　毎回のもちよりカフェの参加者は、30人〜40人。「料理と妄想をもちよる」というテーマに惹かれてやってくる区外や他県からの参加者も多く、カフェの熱気に刺激を受けた人たちが、「オレンジバー」（練馬区）、「ふれあいカフェうじ」（宇治市）、「ちばカフェ」（千葉市）、「いたカフェ」（板橋区）「はちカフェ」（八王子）など、各地でそれぞれの「もちよりカフェ」を始めている。

　もちよりカフェからは、そのときどきの参加者の「妄想」を実現する「番外講座」も登場している。これまでに「笑いヨガ講座」「ADL体操」「介護フェスタ」など、地域の人たちが参加しやすい講座やイベント、さらに「防災とケア」のような地域会議を開き、新しい人のつながりをつくってきた。

　こうした活動を続けるなかで、せたカフェのネットワークは世田谷区内で少しずつ広がってきた。自宅を開放し介護者や子育て支援、健康関

係などのカフェを開く人、地域の居場所をつくっている人や子ども食堂をやっている人、グリーフサポートや防災の会、障害者支援の会、介護事業者のネットワーク、いくつかの地域包括支援センターのスタッフなどが、お互いに行き来し合うことで、交流が深まっている。

(5) ネットワークづくりからケアのまちづくりへ

　さまざまなグループがつながってくる中で、住民の側から地域包括ケアへの提言をし、ケアのまちづくりを考えよう、という気運も盛り上がってきた。そこから始まったのが「世田谷の福祉をとことん語ろうフォーラム」（通称：とことんフォーラム）である。この活動にも簡単にふれておきたい。

とことんフォーラム（1）

　世田谷区では、「世田谷型地域包括ケア」を推進しようと、さまざまな計画を立てて動いている。現状の世田谷区の「地域包括ケア」は行政と医療と介護・福祉の専門職、いわゆる「支援する側」のみの話し合いで進められているが、システムのサイクルが回るかどうかは、前に述べたように「住民参加」のあり方にかかっている。

　アメリカの社会学者シェリー・アーンスタインに「住民参加のハシゴ」という有名な図がある。ここでは「①世論操作としての住民参加」から

「⑧住民による自治」まで8段階のハシゴがあり、それが「住民の不参加」「名ばかりの住民参加」「住民主体」という3つのカテゴリーに分けられている。

 これを見ると世田谷区の市民参加は「名ばかりの住民参加」のカテゴリーの「⑤住民は参加するが、主体は行政」の段階である。これを「⑥住民と行政の協働」の段階に持っていけないものかと、これまで区と区民の協働を訴えてきた人たちや、せたカフェつながりの仲間たちが、実行委員会形式で「とことんフォーラム」を企画し、区と世田谷区長に参加を呼びかけた。

とことんフォーラム（2）

 国が行う仕組みづくりには「民」はなかなか参加できないが、自治体での仕組みづくり（まちづくり）には、そこに暮らす当事者である市民・住民が参加できる。 そして両者の「協働」があって、はじめて、まちづくりはダイナミックに動いていく。そうした視点でこれまでに約100人が毎回集まり、4回のフォーラムが行われてきた。

 1回目（2014年10月）はNPO、介護家族と介護事業者が、「介護家族と本人が安心できるまちとは、なんだろう」をテーマに発言。2回目（2015年2月）では、高次脳機能障害、身体・精神障がいの当事者が3人が発言し、第2部では11のグループに分かれて50分間、世田谷の地

域包括ケアのあり方を話し合った。

　第3回（2015年8月）には、世田谷区と社会福祉協議会を招き「地域包括ケア世田谷モデル」の現状と課題を聞いた。第2部が始まると同時に、グループ参加者の熱気ムンムンの意見交換が10グループでスタート。時間がたつにつれ場内の気温も上がり、「熱中症にならないよう、水分補給してくださ〜い」のアナウンスが何度も流れるほどだった。

　そして第4回（2016年2月）では、世田谷区と世田谷区社会福祉協議会の現状報告を再び聞いた。第2部のグループトークでは、区が描いた「地域包括ケアのしくみ図」を解体し、自分たちならどう描くかを10グループで討議し、「私たちの考える地域まるごとケア」を描いた。すべてのグループが描いたのは「住民」を中心とした図だった。これらを踏まえて、現在、5回目のフォーラムを企画している。

　8年にわたる地域活動を通して、「住民」には3つの層があることがわかってきた。

①医療や福祉に対して「関心の低い層」。無関心とまではいかないが、自ら進んで行動をしない、あるいは動員されることで動く層。

②医療や福祉に対して「関心はあるが参加できない層」。ボランティアや市民・住民活動に参加したいとは思っているが、機会、時間、アクセスのない層。

③医療や福祉に対する「活動層」。さまざまな実践をしながら、地域のリーダーとなっている、あるいはなる可能性のある層。

　シンポジウムや講座活動を続けながら、つくづく思ったのは、③から①へのアクセスは非常にむずかしいということだ。しかし、③から②への働きかけは、そう難しいことではない。そして、この②の人たちが増えていけば、ご近所や知人といった個人的なつながりで、①の人たちに個別にアプローチするチャンスも増えていくだろう。そう考えると②の

人たちへの関心喚起が、ケアのまちづくりを「自分ごと」としてとらえる住民を増やす決め手となるのかもしれない。

　認知症を高齢者の中途障害の象徴と考えると、「認知症カフェ」は、子どもと障害者と、私たちも確実にその一員となる病気や加齢で中途障害をもった高齢者が、安心して住めるまちを考える場所でもある。医療や介護、認知症を「自分ごと」としてとらえる人を増やし、ケアのまちづくりにかかわる人がつながるしくみを、どうしたらつくることができるのか。

　せたカフェはまだ発展途上、模索の日々である。目下の課題は地域の人たちに認知症への関心をもってもらうための仕掛けづくりだ。6月からは全国で「地域まるごとケア」を実践しているキーパーソンたちを招き、「まるごとカフェ」という新しい講座を不定期でスタートした。1回目のゲストは前出の「地域包括ケア幸手モデル」の中野智紀医師と住民の小泉圭司さんである。そうした私たち自身の学びの場もつくりながら、コミュニティヘルスのあるまちづくりを考えている。

番外カフェ

参考
■ウェブサイト
http://blog.goo.ne.jp/mayucat2
https://www.facebook.com/mayumi.nakazawa.98
■せたがや福祉100人委員会「最後まで在宅」部会
https://sites.google.com/site/mayucat2jp/
■ケアコミュニティ「せたカフェ」
http://blog.goo.ne.jp/setacafe
https://www.facebook.com/setacafe.cc/?fref=ts

第10章 若年性認知症当事者と家族の苦悩

1 若年認知症家族会・彩星の会

（1）彩星の会誕生経過

　1977年より「若年痴呆研究班（厚生科学研究）」の班長として関わった群馬県こころの健康センター長宮永和夫医師によって、若年性認知症患者数26,000人と報告された。

　その結果を受け家族会の必要性を考え、2001（平成13）年9月23日に関東部会「若年痴呆家族会」の発足会を目黒区こまばエミナースホールに於いて、医師や看護師、作業療法士、精神保健福祉士など専門職の方々を中心に、数名の家族が参加して行われた。

　10月3日には、新宿プリンスホテルに於いて第1回の家族会と役員会が開催され「若年認知症家族会・彩星の会」関東部会としてスタートしたのである。初代代表に家族の萩原弘子氏、副代表に宮永和夫氏、比留間ちづ子氏の三役、その他発足会に参加していただいた専門職の方々が会計、監事、世話人に就任していただき、筆者は3回目ぐらいから参加できたのではないかと記憶している。

　2003（平成15）年1月、当時群馬県こころの健康センター内にあった事務局をそろそろ家族を中心にした事務局体制にとのことから代表、副代表3名、数名の世話人を選出し、ここで筆者も副代表として家族会運営に関わることになった。その後筆者は、2006（平成18）年1月に

代表として就任することとなった。事務所は「六本木みなとNPOハウス」の２階にあった「NPO介護者サポートセンターアラジン」の協力を得て、家族会の拠点として活動を始めた。

　隔月の第４日曜日に定例会を開催していたが、そのための会場はなかなか定まらず、点々とする状態であった。アラジン事務所に移転してからしばらくは中学校の跡地に事務所があったことから、定例会の会場を基本的に固定することができた。たまに青山の都営住宅の集会場なども利用させていただいた。定例会の会場を借りることは、現在も同様に大きな苦労を要している状況だ。

　家族会活動を開始してから東京都「若年性認知症ケアモデル事業」に選定され、現在「NPO法人いきいき福祉ネットワークセンター」理事長である駒井氏を中心に、アラジンスタッフやその他専門職の協力を得て「スタークラブ」を立ち上げた。その後、「社会参加支援センター・ジョイント」、「いきいき福祉ネットワークセンター」、本人の交流の場である「ゆうゆうスタークラブ」の活動へとつなげ、若年性認知症本人活動の道を開いてきた。筆者は、2013（平成25）年４月より彩星の会代表を後継に託し、顧問として携わっている。

（２）彩星の会の活動

　現在の彩星の会は、新宿に事務局を置き活動している。彩星の会は介護中の家族も参加している状況であり、2016（平成28）年３月末現在の会員数は223人である。現在、家族会の運営は、看取り後の介護家族を中心にしたボランティアでの活動である。運営資金は会費が主なもので、その他寄付金や社会福祉協議会などから備品などの購入助成金で賄われている。

　定例会の運営に際しては、介護家族が中心となり、さらに彩星の会サ

ポーターの協力をいただきながら行っている。現在この定例会運営で困っていることは、資金難と会場探しである。若年性認知症が抱える問題についてなかなか理解をしてもらえず、公的場所を活動時に提供していただけることが望まれるのだが、実現は難しいのである。これまでは大学や高齢者施設などの会場を転々としながら定例会を運営してきた。定例会のたびに会場探しの苦心を強いられているのが現状である。この現状を打破するためには、行政の理解と協力が得られるような活動をして行く必要がある。

　彩星の会の主な活動は以下の通りである。
　　①奇数月に開催する定例会
　　②週3回の事務所において電話相談や一般事務（月・水・金）
　　③2か月に1回の会報発行（2016年3月末現在第78号発行済み）
　　④年1回の旅行
　　⑤その他案件により訪問相談（顧問：干場担当）

　定例会では、医師や専門職によるミニ講演、同じ悩みを抱える家族同士の情報交換を行っている。家族会は価値観を共有できる人たちの集まりである。「とても安心して話すことができる」「知人と話すときは、何となく言葉を選んでいる自分がそこにいる」「今このことを話したら知人はどう思うだろう」など幾度か聞かされる。介護者の多くは定例会に参加し、普段家族や友人と話している時とは何か違うものを感じ、参加するごとに介護者自身が自分の変化を実感していただけるようである。そのことが、家族会へ参加する意義となっているようだ。

表1　2015年度の活動定例会活動

年月日	活動内容	参加者数
2015.5.24	新宿御苑散策	62名
2015.7.25	ミニ講演「認知症者の妻と生活して思うこと」 家族会員　山花　洋　氏 本人交流会・家族交流会	60名
2015.9.27	ミニ講演「口腔ケアと嚥下の話」 歯科衛生士　河相ありみ　氏 本人交流会・家族交流会	59名
2015.11.22	本人交流会・家族交流会	65名
2016.1.24	ミニ講演「認知症中期から看取りについて」 医師　宮永和夫　氏 本人交流会・家族交流会	69名
2016.3.27	総会・本人交流会・家族交流会	69名

　家族会を運営していると、奥様の若年性認知症の発症によって、これまでの生活環境がガラッと変わってしまうご主人の最初の混乱に出会うことがある。家族会の定例会に参加してもらうことで、様々な思いを抱えながらの生活の苦しさや、たまには楽しいことに出会うなど、新しい人生が始まるのではと考えてもらえるようになって欲しいと思っている。

本人交流会の様子

定例会の会場を確保することに苦労していたところ、2015年10月より昭和女子大学の「昭和デザインオフィスプロジェクト」の1つに採択していただくことができ、会場確保の苦労から当面解放された。プロジェクトは、昭和女子大学福祉社会学科吉田輝美氏とそのゼミ学生、外部団体である当家族会が協働して「若年性認知症にやさしい地域づくり」をめざすものである。定例会では吉田ゼミの学生さんが本人交流会へ参加し、一緒に散歩したり、音楽を楽しんだりしている。

2016年3月総会

小澤代表と吉田ゼミ

　電話相談では、以前はある程度進行してからの相談が多かったのだが、最近は認知症についての各種フォーラムや報道機関を通じ啓発・普及活動がなされていることから、初回の電話相談内容に変化が起きている。「最近、妻がなんとなくおかしいと感じているが、病院はどこに行ったらいいのか。」や「自分の住まいの近くに良い病院があるのか。今後どういう経過を経ていくのか。」などである。電話の向こうの不安な心理状態を感じる。このような心理状況にあるときには、家族会への参加を勧めている。

　電話相談開始当初に多かった相談は、医療や経済に関することと親子関係だった。近年は、介護者へ配慮する親族、専門職や行政からの相談が目立つようになってきている。

介護者への配慮について印象的なケースがある。家族会では年1回の旅行を企画している。そこにある介護家族がとても元気に参加されていたのだが、その後間もなく介護者が体調の不調を感じ、検査したところがん宣告を受け、その数か月後に亡くなるといった事態が起きたのである。このことをきっかけとし、筆者が関わっているNPO法人若年認知症サポートセンターで「家族の健康と現在の介護状況などの調査」を実施した。介護者が倒れると一番困るのは患者本人であることが我々の教訓となり、家族会においても介護者へ社会資源の上手な活用を進めるようになっている。

(3) 若年性認知症の苦悩
1) 生活資金の問題

介護者はいろいろな面で心身共に苦労を強いられる。家族にとって苦労が耐えない一つに生活資金の問題がある。若年性認知症と診断されてから1年6か月経過すると、障害年金を受給することができる。これが主たる家族の収入源である場合も少なくなく、自営業として仕事をしていた人は非常に苦労している。

若年性認知症の本人はまだまだ若さと体力があることから、障害年金3級からの認定になる。現在の医療では、この病気は治癒しないと言われている。その点からも、若年性認知症の場合には、診断後6か月をもって障害者年金の申請対象になることと、若年性認知症の診断がなされた場合には、障害年金1級となるようにして欲しいと行政に対して長年訴えている。しかし、なかなか実現しないのは、縦割り行政の欠陥が影響しているのではないかと思われる。

若年性認知症と診断された時点で、家のローンを抱えているケースもある。若年性認知症が「高度障害」と認定されればよいのだが、現在の

制度は高度障害の認定基準に精神障害は該当しないのである。このことから筆者はこの数年間、銀行や生命保険会社との交渉もいろいろ行っている。交渉の経過で、当初1年間は利息だけの支払いにしてもらえるようにし、これまでに数件の実績がある。さまざまな機関は、現状の規定に当てはめて「ダメ」のひとことで片付けてしまう。この病気は治癒しない病気である前提に立てば、将来必ず身体障害の症状が出てくることを承知しているはずである。本人の状態が悪化し、本人や家族がどうしようもない状況にならない限り、高度障害と認めてもらえないということは、支払拒否に当たるのではないかと筆者は考える。時間の経過とともに重症化したケースでは高度障害として認められてきているが、これまで交渉を支援した事例を持って、銀行や生命保険会社に説明しても全ての機関から認めてもらうことはできていない。生命保険会社への請求においては、医師の診断書の書き方ひとつとっても判断基準が違ってくることもあり、現状では難しい状況にあることも事実なのだ。これらの経験から、ローンを抱えていたらまず早く家族会に相談していただき、ローンの返済方法などを一緒に考えていきたいと思っている。

2）就労の問題

家族と一緒に定例会に参加している本人と接していくうちに、「何故、自分たちは仕事もせずに家にいるのだろうと感じている」ということを聞かされた。本人たちは、若年性認知症と診断を受けた後に、会社を休職したり退職して在宅で過ごしているのだ。筆者がかかわったケースで、「会社に通勤しているときは感じなかったが、退職後急に症状の進行が見られる」という人を何人も目の当たりにした。

「みなとハウス」での活動当時に、まだまだ本来の本人たちの希望に到達できていないことに少々消化不良を感じていたのではあるが、その

思いがずっと胸の中にあった。「若年性認知症本人達への就労支援や就労継続を考えて欲しい」と本人たちが願い、訴えていることに気づき、就労の問題を何とかしなければいけないと、ようやく当時の筆者の思いとつながり確信になった。

2007（平成19）年に厚生労働省が、「若年性認知症実態調査研究会」を筑波大学朝田隆教授（当時）を班長として開設し、筆者も家族会代表として参加することとなった。その会議中、オブザーバーとして参加していたNHK小宮英美氏が就労支援についての意見を述べたとき、医療関係の委員からは「進行性である認知症の人に就労支援という言葉が妥当なのか、あり得ないのではないか」などの意見が出て、それが多数を占めたのである。

その後小宮氏より、厚生労働省村木審議官（当時の役職）と朝田教授、そして筆者にメールが届いたのである。そして、厚生労働省村木審議官から理解を得て、5月8日に私的な勉強会を立ち上げることができたのである。筆者自身も以前から就労支援の必要性について発言していたので、思いが実現した。第1回の勉強会への参加メンバーは厚生労働省村木審議官、厚生労働省障害担当者数名、認知症対策室室長と計画課担当者、障害者雇用支援機構から数名、医師の立場から朝田教授が参加した。その後は、7回くらいの勉強会が開催された。

40代〜50代で発症した若年性認知症患者は、まだまだ家族や社会に対して大きな役割を担っているわけである。当然高齢者に対するディサービス等の福祉とは違ったものが必要されるのである。すなわち就労支援が望まれるが、当時の介護保険においては勿論、家族から見て、いまだそのようなメニューがないのが現状である。若年性認知症を障害者と捉え、障害者に対する就労支援を採用することで、適切に対処できないかと考える。なぜなら、若年性認知症の本人は、仕事ができなくなる

ことで退職に追い込まれ、社会的な役割を喪失し、居場所がなくなるわけである。それと同時に、学齢期の子どもを抱えた家族は経済的にも精神的にもどん底に突き落とされるのだ。家族会としてはその状況をなんとか救わなければならない。

　家族は、職場から「最近どうもおかしい、一度病院での診断を」と勧められるのが最初である。この時点では、本人が帰宅した自宅での生活からは、何ら生活上の変化を感じることができないことが多い。まだ家族は本人の診察をと聞かされることに違和感を感じ、人によっては拒否するケースが多々ある。

　近年、大企業では産業医の診断によって、うつや発達障害、その他精神障害に関しては会社側から病院へ相談に行くように勧められるケースが見受けられるようになった。しかし、認知症についてはまだまだと言わざるを得ず、産業医におかれては、今後研修を積み重ね、若年性認知症に対応できるように企業体制の確立を望みたい。

（4）若年性認知症に関する政策の問題

　前頭側頭葉変性症に含まれる前頭側頭型認知症と意味性認知症（語義失語）は、2015（平成27）年より脳疾患（認知症）指定難病となった。若年性認知症について2009年厚生労働省の実態調査によって、全国で約37,800人という数字が示された。日本の総人口からみるととても少数に感じられるが、先述したように、本人や介護家族はとてつもない大きな問題を抱えているのだということを念頭におき、国による今後の方針を示して欲しいと思っている。若年性認知症患者が全国37,800人ということは、指定難病の条件である10万人以内であることを鑑みれば、若年性認知症を指定難病にして欲しいと筆者は考える。

　厚生労働省は、2008（平成20）年7月に「認知症の医療と生活の質

第10章　若年性認知症当事者と家族の苦悩

を高める緊急プロジェクト」において、若年性認知症対策報告書を発表した。現状の課題は、若年性認知症に対する認識がまだまだ不足していることである。診断される前に病状が進行し社会生活が困難となるケースや、本人やその家族、企業及び医療機関など若年性認知症という病気を知っていても、活用可能な福祉や雇用の政策の情報があまり知られていないのである。経済的な面も含めて、本人とその家族の生活が困難な状況になりやすいことが指摘されている。このため、若年性認知症に対する理解の促進や早期診断、医療、介護の充実はもとより、雇用継続や就労の支援、障害者手帳の早期取得や障害基礎年金の受給難に対する支援を行い、これらの政策のなかから、若年性認知症の人一人一人の状況に応じた支援を図る体制の構築が緊急の課題となっている。

　このようなことを国において語られて、その後数年間で各種の提言がなされ、市町村に予算がつけられてきた。しかし、全国で推定37,800人の若年性認知症への支援はとても無理なように感じている。若年性認知症に関しては、都道府県が担当してくれることを当初から筆者は願っていた。四国のある県で厚生労働省担当者と筆者がフォーラムに参加したとき、そのときにまだ四国では市町村対象の予算が使われていないことを知り、地域格差が存在する事実を目の当たりにした。

　東京都では若年認知症家族会運営に助成金を計上しているが、区や市町村の担当窓口に申し込まなければ実行できない仕組みになっており、現在は江戸川区だけしか実行されていないのである。なぜなら、東京都の若年性認知症患者数は4,000人であることから、その数が少なく、区や市町村単位ではなかなか理解されない現状である。実際には、彩星の会事務所がある新宿区においても、区内には患者数があまりいないという理由で実現できていない。このようなとき、東京都が実態を調査して、区を指導していく姿勢を持ってもらいたい、少数が故に抱える介護家族

へ配慮をして欲しいと、行政に対する不満を抱いてしまうのである。

　一方で、若年性認知症本人交流会が年1度開催されている。筆者も初回から参加しているが、2015（平成27）年度からこの交流会に都道府県担当者が参加するようになった。2016年3月には、下記のような事業が行われ、今後は都道府県が中心になって展開されるのでないかと期待している。

平成28年度若年性認知症施策総合推進事業
●全国1か所
　① 「若年性認知症相談コールセンター運営事業」（現在大府センター）で行われている。
●都道府県（一部運営委託）
　② 「若年性認知症実態調査及び本人・家族からのヒアリング等によるニーズ把握」
　③ 「若年性認知症支援コーディネーター設置事業【新規】
　　・若年性認知症自立支援ネットワークの構築事業
　　・ネットワーク会議の開催、普及啓発など
　　・ネットワーク研修事業（支援者への研修会の開催等）
　　・個別相談事業
　　・若年性認知症支援コーディネーターの設置
　　・悩みの共有・受診勧奨・利用できる制度、サービスの紹介
　　・本人・家族が交流できる居場所づくり

　これまでの経過を踏まえながら、2016（平成28）年度より新たな若年性認知症対策が推進されていくのだ。従来から数か所の市町村では、若年性認知症に対する取組みが行われているが、新たな対策によって、一部が都道府県の対応になっていく点で大変評価できる。

（5）今後の展望

　今後新たな施策を遂行するにあたっては、家族会の役割がとても大きくなるものと思われる。その役割を果たすためにも家族会運営に欠かせない資金、人材の確保がまず確立されることが重要である。

彩星の会運営は看取り終えた家族を中心に、現在進行形の介護家族も参加して運営されているのが現状である。このような現状を踏まえ、筆者は東京都内で活動している「若年性認知症家族会」のネットワークを設立する必要性を感じている。このような事業を実現させるために、東京都内でワンストップ事業を受託している「若年性認知症総合支援センター」の駒井氏と話し合いを重ねている。

本人や家族が安心して過ごせる環境整備につなげるための「若年性認知症家族会」のネットワーク事業を実現するためには、家族会としての情報提供や調査への協力、その他様々なことに関して行政と共に情報交換を定期的に重ねることが重要である。そのことによって、様々な案件が家族会や個々にフィードバックされていくように、今後は東京都の理解を得られてこの事業が実現されていくことを願っている。

若年性認知症である本人の就労という未知の世界への挑戦についても、その実現をめざし、悩みながら方法を考えているところである。医療の診断技術のレベルアップが原因なのか、初期症状の方による家族会への相談が多くなってきている。その受け皿を早期に確立することが急務なのだ。したがって、行政や研究機関等が協力することによって、従来の学問的研究と実践型研究の両輪を動かしながら、これまで以上に双方が情報交換を行うことが重要である。これまでのように研究結果を「報告書」で終わらせてしまうことを繰り返してはいけないと筆者は言い続けているが、いまだ学術的なものが重んじられている傾向が強いのではないかと感じてしまう。学術研究はもとても大事であることは言うまでもないが、ケア現場は実践を繰り返し、時に失敗を繰り返しながら目標に到達するものだと思う。若年性認知症の本人や家族が安心して生活ができるところへサポートすることが大切である。

（6）最後に

　筆者は妻の発症に出会い、ピック病の診断がつくまでの当時の3年間を思い出すと、それはとてもつらい期間であった。診断がついたとき、「そうだったのか」と自分が理解できたとともに、その間の3年は妻にとてもつらい思いをさせてしまったと感じた。診断がついて間もなく家族会と出会い、それから妻に対する自分の対応が変わることができた。

　家族会では、参加者家族の中で唯一の男性であった筆者は、いろいろな役割と勉強をする機会に恵まれた。日本で最初に行われた「前頭側頭研究会（会長は故田邊敬貴愛媛大学教授）」に、家族会の設立に関わってくださった宮永先生から紹介を受け参加する機会を与えてもらった。若年性認知症に関わっておられる諸先生方に、様々な場所でお話をさせていただくことにも恵まれた。

　2005（平成17）年は、俳優の渡辺謙さんが主演の「明日の記憶」の映画撮影が始まる年であった。映画完成後に「彩星の会」の家族たちが東映本社での試写会に招かれ、そこで初めて堤監督や渡辺謙さんと出会い、その後この映画は日経団連会館での試写会が行われ、筆者も試写会とフォーラムに同席させていただいた。2日後には渡辺謙さんは北海道、筆者は大阪ホールでの試写会フォーラムに参加することとなった。またこの映画の公開日には東京会館でのパーティにも招待され、パーティ後に渡辺謙さんと週刊誌で対談するなど、いろいろ多くの行事に参加することができた。これらのことによって、社会に若年性認知症のことが多少は認知されるようになったのではないかと考えている。

　2006（平成18）年12月に妻の看取りを終えた。以前、「前頭側頭研究会」に参加したとき、認知症という病は診断名を付けるのがとても難しく、最後は解剖しなければ解らないのだとお話をしていたことが記憶として残っており、子どもたちとも相談し妻の献脳を決断した。

看取りを終えた筆者は、妻は現在のような生きがいを置いて行ってくれたのだと日々感謝していると共に、本人や家族の皆さんにとって、少しでも何かお役にたてればとの思いから、今後の家族会の活動につなげていきたいと願っている。

```
彩星の会事務局：〒160-0022　東京都新宿区新宿1-25-3
　【相談日】月・水・金　10時～17時
　　　　　TEL：03-5919-4185　FAX：03-5368-1956
```

2 世田谷区社会福祉事業団　デイ・ホーム太子堂　若年性認知症コース「ともに」

（1）法人概要

　保健福祉サービスを必要とする区民の誰もが住み慣れた地域で安心して生活できるよう、世田谷区が設置する特別養護老人ホームなどの高齢者福祉施設や母子生活支援施設の受託運営をはじめ、訪問看護ステーションなどの公益事業の実施をとおし、世田谷区と一体となって社会福祉事業等の推進を図るため、1994（平成6）年9月に設立し、区民福祉の増進に寄与している。

　また、当法人は設立以来、世田谷区と連携して区民の福祉向上に寄与することを目的として掲げ、通所介護6事業所と併設の認知症対応型通所介護事業を3事業所で展開してきている。

（2）若年性認知症コースを実施するにあたっての苦悩

①　発見と診断まで

　若年性認知症の場合、その初期症状が更年期障害やうつ病の初期症状とよく似ている。そのため、他の病気と間違われ易く、誤った診断のもと、誤った治療やケアが行われてしまう。その結果、認知症状がどんどん進んでしまい、「やはり何かおかしい？」と感じ、専門医を受診した時には既に病状がかなり進行してしまっている、というケースが多くある。「何かおかしい」と感じたら、全国に設置されている認知症疾患医療センターをはじめとする認知症専門外来のある病院への受診が必要である。

② 利用できるサービスの少なさ

しかし、若年性認知症であると診断されても、要支援または要介護認定を受け、いざサービスを利用しようとしても、介護保険で使えるサービスは実際に多くはない。そのため、介護保険を使って高齢者向けの介護サービスを利用することになる。デイ・サービス等を利用した場合、当然のことながら高齢者の方々と一緒に介護サービスを受けることになる。「なぜ私がこんな所で高齢者と過ごさなければならないのか？」「まだまだできることがあるのに」と本人や家族が感じられ、通所が定着しないことが多くある。

③ 若年性認知症専門コースの創設

若年性認知症への社会的理解がいま一歩進まず、専門サービスの充実が図られない中、若年性認知症の方やその家族等への支援や活動型拠点として、若年性認知症の方が定期的、継続的に通える「居場所」をデイ・ホーム太子堂で、2010（平成22）年4月に開設した。若年性認知症コースを週1回（土曜日）設け、区内唯一の事業を展開してきた。

これにより、本人が介護者やボランティアと交流ができ、孤独感の解消や日常生活機能の維持・向上を図ることにより、認知機能の低下、予防にも繋がる。

また、一時的に家族と距離を置くことにより、家族の身体的、精神的な休息を確保し、良好な生活環境を保つことにも繋がる。しかし、若年性認知症の方が、社会参加や仲間とのコミュニケーションという社会的な活動をする機会を失い、社会や地域との関わりからも遠ざかってしまう傾向にあることを考慮すると、「まだまだできることがある」「誰かの役に立ちたい」など生活への希望や意欲を喚起できるようサポートし、社会との関係を取り戻すため、地域における若年性認知症の方や家族へ

の支援の拡充も不可避であると理解している。

　情報の少なさも大きな問題であった。多くの場合、若年性認知症者の家族はまず、医療相談室や地域包括支援センターへ相談に行く。しかし、その情報量は非常に少なく、家族がインターネット等で調べた情報とそう変わらないこともしばしばある。現在の介護保険では若年性認知症者を専門とするサービスは多くないので、インフォーマルなサービスの活用も重要な選択肢の１つだ。例えば意見交換会や家族会等への参加である。各地で活動されていて、運営主体や規模は様々だが、同じ年代の若年性認知症の本人や家族の方達が定期的に集まり、様々な活動を行っている。本人だけでなく、介護する家族の心のケアにもつながっている。

（3）１日の過ごし方

　現在の制度上では、若年性認知症者をデイサービスで受け入れる場合、通常のデイサービスで受け入れることになる。当たり前だが、通常のデイサービスは平均年齢が80代〜90代の高齢者向けの施設である。そこに若年性認知症の方が入ると、どうだろうか。本人が孤立してしまうことはもちろんのこと、高齢者も、そして職員も、どう対応したら良いのかと、困惑することと思われる。職員の知識や研修も少ないのだ。ここに先ず１つ目の問題があると考える。

　次にプログラムについてだ。高齢者の場合、言い方は悪いかもしれないが、現役世代を過ぎた方達が、家で毎日何もせず過ごすのは、認知機能や身体機能を低下してしまう等の理由から、生活に変化と刺激を与え、活気を持って過ごしてもらうために通所される。また身体機能の低下などにより、何らかの介護を必要とし、通所される場合もある。

　そのため、デイサービスへ通所され、体操やプログラムへ参加し、また必要な介護を受けているのである。

しかし、若年性認知症の方の場合はいったいどうなのだろうか。ほとんどの若年性認知症者の場合は、身体も元気で、介護の必要の無い方達である。ここで必要になってくるのは、高齢者向けの体操や歌を唄ったり、童謡を聴くプログラムなどではない。現役世代の方が持つ、有り余るエネルギーをいかに発散してゆくか、ということが大事なのである。高齢の方達と同じ過ごし方では、無理が出てくるのは当然なのだ。施設側には、個別に若年性認知症者のニーズを把握し、本人がやりたいことを個別にサポートしてゆくという体制作りが求められている。

デイ・ホーム太子堂では毎週土曜日、若年性認知症者のみを専門に受け入れるデイサービス「ともに」を実施している。現在10名の方が通所され、6名の職員で支援している。年齢は50代前半から60代前半の方々で、非常に若く活動的である。しかし、認知症状が進んでいる方も多いので、体操などを行っても、なかなかうまくできないことがある。自然な形で身体を動かすにはと考え、「ともに」では散歩を多く取り入れている。それぞれが興味のあることを話題にしながら散歩で身体を動かす。頭を使いながらの適度な有酸素運動として実施している。また、その日の最後には活動中に撮影した写真を使いながら、利用者と一緒に「振り返り」という作業を行っている。これは認知症の初期の失われてしまう近似記憶を少しでも残すことができないかという思いで取り組んでいる。写真を時系列に並べて整理して、その日に行ったことを利用者と一緒に楽しみながら振り返りをしている。

また、家族も写真の貼られたノートを見ることにより、その日の本人の活動を把握され、会話の材料ともなっている。

「ともに」は介護保険で運営するデイサービスなので、送迎を実施し

ている。

　しかし、区内すべてのエリアを送迎でカバーすることは困難なため、送迎が出来ない地域の方については、介護タクシーなどを使って、自主的に通所してもらっている。「送迎が有ると無いとでは、経済的な負担が大きく違う」と、自主通所している家族から聞いている。

　続いて朝の会である。

　それぞれの自己紹介から始まり、今週あった出来事や、季節の話題など、みんなからひと言ずつもらいながら、今日やってみたいこと、行ってみたい所、お昼に食べたい食事などを順番に聞いていく。

　お互いに冗談なども言い合ったりしながら、和気あいあいとした雰囲気の中で、その日の予定を、みんなで話し合って決めていく。

　続いて体操。

第10章　若年性認知症当事者と家族の苦悩

　通常のデイサービスなら、椅子に座ったままでの体操、ということになるが、「ともに」にいるみんなは、もともと身体機能の高い方ばかりなので、体操は、写真のようにラジオ体操を行っている。第1から第2まで、しっかりと身体を動かしてもらう。

　昼食。一般的なデイサービスの場合、昼食は高齢者向けの細かく刻んだ柔らかい食事を施設の中で提供するのが一般的である。しかし、それでは若年性認知症の方には物足りないのではないかと考えている。
　普段の自宅と変わらない食事、「休日に家族で食事に出かける」といったイメージで、食事を取ってもらえるようにと考えている。
　昼食は、

　外食が中心と言ったが、毎回外食ばかり、という訳ではない。
　これは、カレーを作っているときの画像だが、雨の日など、外出できない場合には、みんなで献立を考え、役割分担を決め、近くのスーパーへ買い出しに行ったり、食材刻み担当など決めながら、食事作りを行うこともある。既知の方も多いように、食事作りも認知症の進行予防には適したプログラムの1つである。
　続いて外出の様子。
　「ともに」は、活動的なデイサービスなので、外出がプログラムの中心となる。「朝の会」で目的地を決め、徒歩または、電車やバス等の公共交通機関を使用して移動するという流れになる。
　若年性認知症であるとはいっても、私たちと同じで、何ら変わりはない。
　これはデイ・ホーム太子堂の職員がやっている家庭農園に行き、ジャガイモの収穫をした時の写真である。

第 10 章　若年性認知症当事者と家族の苦悩

　農園作業は、みんなとても喜ぶので、今後は1つのプログラムとして確立して行きたいと考えている。
　収穫したジャガイモは、もちろんみんなにお土産として持って帰ってもらった。
　これは、電車に乗っての外出会の様子である。

切符を買ったりするなど、職員は付いているが、これも何ら違和感はない。身体能力は高いみんなだが、しかし、いつ、何が起こるか分からないので、職員は常に付かず離れずで、適切な距離を保ちながら、見守りや必要な介助を行っている。
　次に「振り返り」という作業について説明する。

　振り返りシートを使い、その日、みんなが行った行動を、文字通り、振り返る作業で、記憶を辿っていくためのプログラムである。
　「ともに」の活動の中でも、非常に重要なプログラムの1つなのだ。
　2台のデジタルカメラを使って、その日の活動中にたくさんの写真を撮影する。その写真を使って、1日の出来事の写真を見ながら振り返り、時間を追って自身の記憶を整理していく。
　次に、切り分けた写真を、時系列に分けて整理する。
　自身で整理できる方もいるが、認知症状が進み、写真を時系列に分けることが困難な方もいるので、その場合は職員がサポートする。
　最後に、整理した写真を、個人それぞれのノートに貼っていく。
　ここでも、うまくノートに写真が貼れない方には、職員がサポートに

入り、手伝いをしている。

　最終的に出来上がったのが、左側の写真だ。写真を使って今日1日を整理することにより、本人は、その日の活動を、視覚的に振り返ることができる。

　また、写真を使うことによって、家族も、その日の活動内容を一目で理解することができる。

　「帰宅してから、写真を見ながら楽しく会話することができました」と、言ってくれる家族もいる。

　また、写真の整理と同時に、「振り返りシート」の作成も行ってもらっている。朝の会でみんなに決めてもらった本日の予定等を、ホワイトボードから書き写してもらう。

　しかし、文字を書くことがだんだんと難しくなっている方もいるので、「書く」という行為にはこだわらず、「思い出す」、「考える」ということを大切に、自身に負担の無い範囲で行っていくことを心掛けている。また、最後に、本日の充実度はどれくらいだったかを確認するために、100点満点で、自身に、点数を決めてもらっている。外出した内容や、食べた食事の味などによって、みんなの点数は様々の様である。

　「振り返り」の時間は、認知症の進行予防のためのプログラムだが、同時に認知症の進行具合を、直に感じる場面の1つにもなっている。

(4) 曜日拡大についての検討

　若年性認知症の方がデイサービス等を利用した場合、当然のことながら高齢者の方々と一緒に介護サービスを受けることになる。「なぜ私がこんな所で高齢者と過ごさなければならないのか？」と感じてしまい、通所が定着しないことが多くある。

　若年性認知症の方が定期的、継続的に通える「居場所」はまだまだ多

くない。そんな中、デイ・ホーム太子堂の「ともに」では以前から、「土曜日だけでなく曜日を増やせないか？」や「「ともに」の日以外は一般のデイ・サービスに通っている」等の意見が多数寄せられていた。デイ・ホーム太子堂も土曜日以外は一般の通所介護を月曜日から金曜日まで実施している。ニーズを把握するためアンケートを利用者家族に実施し、利用実施曜日の拡大について検討してみた。

1）アンケート実施

　利用者家族にアンケートを実施し、どのようなニーズがあるのか聞いてみた。

①	週2日通所したい	10名中7名
②	週3日通所したい	10名中3名
③	現状のままでよい	10名中3名

①、②での回答事例
　・2日通所してもらえると就業するにも安心できる
　・他のデイ・サービスから変更できるのでとてもよい

③での回答事例
　・現状のままでリズムもできているので
　・さらに負担が増えるのは現時点では考えられない

2）実施場所の検討

　デイ・ホーム太子堂では月曜日から金曜日を一般型通所介護を定員25名で実施。

　平均で21名の利用者が毎日通所して活動をしている。

　月曜日から金曜日でもう1日実施するには他利用者の通所曜日変更等が想定されるので負担が大きすぎる。それならば、当法人の「デイ・ホー

ム弦巻」へ実施事業所を移動し同時に通所曜日の拡大ができるのではないかと考えた。
※デイ・ホーム弦巻は一般型通所介護と認知症対応型通所介護の併設事業所である。

3）馴染の関係づくり
　実施事業所を移動することは容易なことではなかった。認知症の中核症状でもある記憶障害や見当識障害など、ただでさえ本人も不安と日々戦っているし、家族もまた同じように不安がある。少しでもその不安を取り除くのに3か月の時間をかけ、まずは馴染の関係づくりから始めた。「ともに」の移動候補事業者であるデイ・ホーム弦巻の職員が毎週土曜日に1名から2名ずつデイ・ホーム太子堂の「ともに」に参加した。体操や外出、昼食づくりやレクリエーション等に参加することにより、名前は覚えてもらえないかもしれないが、「顔」を覚えてもらえるよう一緒に過ごした。最終月には「いつもいる人が今日は来ていないね」とまで覚えてもらえるようになった。
　また、2月中旬からは外出の際にデイ・ホーム弦巻に行き、施設にも慣れてもらうことも実施した。普段より沢山の利用者の方がいるデイ・ホーム弦巻では（「ともに」は毎週土曜日の10名定員の施設）、初めは不安な表情を浮かべていたが、外出先や外食先でも沢山の方の中で過ごしているので、慣れるのは早かった。
　ただ、トイレの場所を認識するのに戸惑いはあったようである。

4）デイ・ホーム弦巻「ともに」
　いよいよ4月になりデイ・ホーム弦巻での初めての通所日がきた。初めて乗る車、初めて見る利用者の方々に戸惑いは見られたものの、

「ともに」を実施する部屋には以前から馴染の利用者が顔を連ね、また、職員も馴染の関係づくりが功を奏し、不安な表情などは見られず、朝の会、体操と通常どおり実施することができた。

（5）今後の展開

　水曜日と土曜日の週2回に増やした若年性認知症コース「ともに」。今までと同じような外出を主とした活動型プログラムを中心に、定期的に本人や家族と情報交換や希望や気持ちを聴取し、個々のニーズに応えられるようにしなければならない。

　例えば、軽作業や就労等を生きる喜びにしてもらう活動など、地域とのつながりづくりや認知症カフェ、若年性認知症の家族会などと様々な取組みをしていき、若年性認知症の方の居心地の良い「居場所」をさらに拡大し、展開していくことこそが世田谷区社会福祉事業団の役割であると考えている。

3 まりねっこ

（1）発足理由

　若年認知症ねりまの会 MARINE（以下、マリネ）は、若年認知症家族会・彩星の会に所属していた有志により、地域の実情に即した支援グループの必要性から、東京23区で初となる地域を拠点にして個別支援の実践を目指した本人・家族の地域活動団体として2009年に設立された。認知症本人や家族、支援者（主に練馬区の地域住民の方々）が参加しており、毎月のサロン活動（家族同士の交流・本人同士の交流）や年1回の旅行、勉強会、電話相談などを行っている。

　ある時、主たる介護者であった娘さんより、「サロンなどで配偶者世代の方からいただく情報や助言は参考になるが、親世代の視点なため違和感があった。子ども世代としての思いが分かち合える場が欲しい」という要望が事務局にあった。

　また、マリネの電話相談において、20代、30代の子ども世代からの相談や問合せがあり、子ども世代ならではの悩みが寄せられることがあった。具体的には、介護している親への対応、子どもとしてどのように病気を受け止めていけばいいのか、介護と仕事の両立について悩んでいるということがあった。介護している親への対応としては、父親が母親を介護している場合に見られたことであるが、父親が母親のケアをうまくできない、自分で抱えてしまって社会サービスを利用したがらない、病気の受け入れができない状況であるため、子どもの立場として、父親へのサポートをどのようにしたらいいのかという相談があった。

　さらに、サロンの場などで、親による子ども世代に対する思いも多く

語られる機会もあった。それは、子どもへどのように病気やケアについて説明をしたらいいのか、子どもはどのような気持ちなのか、またどこまで関わってもらえばいいのか悩んでいるということであった。

　そういった、子ども世代、親世代の双方から、子ども世代が感じていることや向き合っていることを共有する場、情報交換できる場の必要性を感じて、子ども世代の集まりを開始するに至った。

(2) これまでの活動

　初回に向けて準備したこととしては、マリネに登録している会員の方に呼びかけを行い、子ども世代や親世代に開催を知らせた。そして2012年12月より活動が始まった。第1回目は、新宿の居酒屋に6人の参加者が集まり子ども世代のつどいは開催された。

　当時筆者は父親を介護中で、一参加者として出席させてもらった。

　筆者はそれまで同年代の友人に親の病気や介護の話をすると、場の雰囲気が暗くなるだけでなく深い理解や共感が得られないことが多かった。大多数の20代にとって、話題の中心はやはり仕事のこと、休日のこと、恋愛のことなどだ。親の介護などはまだ先の話で、理解や共感が出来ないのは当然である。そのため筆者は普段から介護の話題への触れ方にはとても苦慮していた。

　今回初めて同じような境遇の人と集まるということで、普段できない介護の話がたっぷりできるのではないかという期待と、全員が辛い話をして暗い雰囲気になるのではないかという不安とが入り混じった気持ちでいた。

　初めてのつどいの雰囲気はとても新鮮だった。始めの乾杯をして一人一人自己紹介をし終えると、次々に話題が飛び交う。介護の愚痴を言う

人、出来事を面白おかしく紹介する人、若者の介護を社会問題として冷静に意見する人、参加者それぞれから出てくる話やエピソードがとても共感でき、筆者の話には皆が共感してくれる。これまでに無い経験だった。中でも印象的だったのは「言葉の言い換え」である。例えば「徘徊」することを「お散歩」と言ったり、そのお散歩の結果「行方不明」になってしまったときは「大冒険に出た」という具合である。「徘徊」も「行方不明」も本人を取り巻く周りの人が言う言葉であって、「本人は決して自分が徘徊していると思って歩いていない。きっと安心できる場所や人、昔懐かしい風景を探して歩いていて、無目的に歩いているわけではない。その結果迷って知らない土地に来て、さらに歩き続けるならば、もはや本人は「冒険」をしているようなものだろう。」と、皆で話したのを覚えている。捜索する最中の言葉にならない不安感や本人から目を離してしまった自分への怒りや後悔、そうした気持ちも共有したうえで、このようにユーモラスに捉えられるのも若い子ども世代ならではではないだろうか。介護を続ける中でこのように気兼ねなく話ができる場所やつながりを持てて、筆者は救われる気持ちだった。

以後3か月に1度のペースで開催し、交流を図っている。つどいの名称も「マリネ」の「子ども世代」ということで「まりねっこ」となった。開催場所は新宿、池袋などの居酒屋で行っている。筆者は介護を終え、現在は運営側として関わっている。参加人数の集計と店の予約をし、食事や飲み物等は参加者にそれぞれ注文をしてもらう。その日の会計を割り勘した金額がまりねっこの「参加費」だ。

　店の予約に際しては、落ち着いた雰囲気の店で必ず個室を取ることにしている。先述のように盛り上がるのは互いの共感による「結果」であって、このつどいの目的はそれぞれの悩みや葛藤を打ち明けて共有することである。参加者の中には自身の悩みや葛藤を打ち明ける中で感極まる方もいるので、落ち着いて話せるような雰囲気であることが必要である。

　回を重ねていくにつれて、他の若年性認知症の家族会から、あるいは参加している子ども世代からのクチコミで広がり、練馬区内のみならず都内全域、埼玉県、群馬県、神奈川県からの参加者もあった。2016年3月時点で14回の集まりを開催し、21名がつながっている。

　過去3回、「若年認知症と向き合う子ども世代のつどい」と題し、介護する若者の声を発信するシンポジウムを開催している。まりねっこメンバーと同じような若者介護者、地域の福祉職、親世代の会員が参加され、それぞれの視点からの思いや課題を分かち合う場所となっている（表1）。

　さらに、こうした活動がヤングケアラーに関する取り組みとしてメディアに取り上げられたこともある（表2）。

第 10 章　若年性認知症当事者と家族の苦悩

表1　これまでの活動歴

回	開催月と場所	活　動　内　容	参加者
第1回	2014年3月 東京在宅サービス会議室	まりねっこのメンバーによる体験報告 その他参加者によるグループトーク	30名
第2回	2015年3月 石神井公園 ふれあい広場	まりねっこのメンバーによる体験報告 地域の専門職2名による支援の事例報告	40名
第3回	2016年3月 練馬区役所 交流会場	講演①：テーマ「介護と仕事の両立」 　講師：「若年性アルツハイマーの母と生きる」 　著者でフリーアナウンサー岩佐まり氏 講演②：テーマ「介護離職」 　講師：まりねっこメンバーより 　その他参加者によるグループトーク	50名

表2　メディアへの掲載

年月日	掲載紙	内　　容
2015年 12月27日	朝日新聞	「認知症社会　若くして」 『諦めない　仕事も恋も母も／若い世代　経験語り合う』

（3）エピソード

　こうした活動を通してできた、参加者間のつながりが活かされる場面もあった。

　中心メンバーの1人で、母親を介護しているAさんがめでたく結婚されることになった。結婚披露宴を行うことになり、まりねっこの仲間からも数名出席することになった。Aさんは母親にも披露宴に出席してもらうつもりであったが、母親は夕方になると不穏になる傾向があり、披露宴のように人がたくさん集まる賑やかな所で穏やかに過ごしていられるか、会場の雰囲気を壊すことにならないか不安を感じていた。看護師の友人に付き添いをお願いしたが、披露宴のお色直しの時間などのどうしても目が離れる時間が不安で仕方ないということだった。こうした不安をまりねっこメンバーに伝えたところ、「サポートできることは何でもしますよ。」「老人ホームに勤めているので対応できますよ。」「私たちは皆、事情を知っているので大丈夫。当日は臨機応変に楽しみましょう。」との言葉が相次ぎ、Aさんは安心して当日に臨むことができた。結局、母親は当日不穏になることもなく、Aさんは無事に結婚式披露宴を終えることができた。

(4) 社会への期待

　20〜30代といえば成人期を迎え、社会における役割を追求する時期である。それは仕事などの社会生活を通して、また、家族の形成や子育てといった個人生活を通して自己実現を果たしていく時期といえる。そうした意味で心身共に充実する時期に介護などの事情で自己実現が図れないとその後の人生において精神面、社会生活面に影響が表れてくることは容易に想像できる。

　この世代では「自身の仕事と介護の両立」が大きな課題の1つであり、そのためにどのように介護サービスを利用しているかといった話題はいつも上る。しかし、働く介護者の都合に合わせたサービスが最初から用意されていることは少なく、不便を強いられたり、安心して仕事に集中できないなどのケースが見受けられる。例えば、デイサービスから親が帰宅するのが17時で、自身の仕事からの帰宅が18時の場合、どうしても親が1人で過ごす時間が1時間できてしまう。この「1時間」の間に外へ出てしまうのではないか、行方不明になるのではないかと、介護者としては非常に不安を感じざるを得ない。こうした場合、この「1時間」の解消のために各自でケアマネジャー、施設スタッフ、または自身の職場との交渉が強いられる。この例でいえば気軽に手軽にサービス利用時間を延長できるようなデイサービス事業所が必要であるし、もっと広く捉えるならば、介護する人の視点を踏まえて医療や介護サービス、学校や職場との調整を行う人材が必要だ。

(5) 今後の展望

　まりねっこのような若年性認知症に特化した子ども世代の取り組みはまだ全国的に少ない。事実、先述のように群馬、埼玉、神奈川からの参加者もいる。各地にいると思われる「同世代のつながりが欲しい。悩み

や思いを分かち合う場が欲しい」という人たちといかにつながっていくか、つなげていくかが今後の課題と考えている。講演活動等を通じて、またはこれまでと異なる場所でのつどいの開催を通じて、このまりねっこの取り組みを広げていきたい。

また、「Wケア」と呼ばれる、子育てをしながら若年性認知症の親の介護をしている人たちのつどいの開催や、これまでいなかった10代の参加者とのつながりも想定して活動を展開していきたい。

自分の体験や感情を言葉で表現することや、自分で情報を得てこのような集まりに参加するのは、社交性が身につく一定の年齢を越えてからであると考えられる。心理学的に「承認の欲求」「愛情の欲求」が満たされる必要のある時期の未成年、学齢期の子どもは、親の変化に戸惑い、病気を自分のせいだと感じたり、自分が何をしても事態は変わらないという無力感から引きこもりや登校拒否になることも考えられる。こうした10代の子どもたちがつながる場の提供や必要に応じた支援が、今後の課題となってくるだろう。

最後に、2016年2月14日に熊本県荒尾市にて開催された「第7回全国若年認知症フォーラムIN熊本」にマリネが出展した際のまりねっこの活動紹介ポスターと、そこに寄せられたメンバーからのメッセージを載せたいと思う。

活動紹介ポスター

第10章 若年性認知症当事者と家族の苦悩

メンバーからのメッセージ

父がモットーとしている、3つの「せる」 笑わせる　楽しませる　歌わせる！	30代女性
父の死と認知症の母の介護が私に「作業療法士を志す」という目標を与えてくれました。「まりねっこ」と出会えたことは私の心の支えです。	30代男性
いつの日か家族会がなくてもよい世の中になりますように。 （母の入居する施設で働く介護職28歳）	20代男性
会話が成り立たなくなってきているのにひとりで美容院へ行きヘアーカット！母はまだまだいろんな事ができる。	40代女性
母を介護して9年目の薬剤師です。	30代女性
介護の経験を活かして、精神保健福祉士目指して勉強中です！	30代男性
母が認知症だった経験から誰もが関わりうる問題として介護の取材をしています。	30代女性
これからの時代は「一億総介護社会」知恵を出し合いましょう。	50代男性
二児の子育て中のワーキングマザーです。	30代女性
ダブルケア奮闘中！母と子供の笑顔のために負けないぞ！	30代女性

第11章 認知症ケアから進める まちづくり

1 高齢者見守りキーホルダーがつむぐ 認知症の人も安心して暮らせるまちづくり

（1）地域で育まれて

　大田区の高齢者は、小さなキーホルダーを身につけることで、大きな安心につながっている。外出中に急に具合が悪くなったとき、救急隊が地域包括支援センター（大田区における愛称は、さわやかサポート。21か所すべて委託。）、又は夜間はコールセンターに照会すると、登録番号を手がかりに迅速にご本人の住所・氏名、持病やかかりつけ医、家族の連絡先等必要な情報を入手し、搬送先の医療機関が適切な治療を行うことが可能となる。

　この「高齢者見守りキーホルダー」（以下「見守りキーホルダー」という。）事業は、地域の方々の創意工夫の中から生まれ、地域の声を受けて、後述の24時間情報照会対応体制を整えた。実際に身元不明の人の身元判明に役立つなど、区民の安心・安全に効果があることが実証され、見守りキーホルダーは、今日では、区の事業としてすっかり定着している。

　この小論では、この見守りキーホルダー事業について、概要、経緯、活用の具体例、認知症施策との関係、将来展望に分けて論じる。

　なお、本文中の意見にわたる部分は、本稿執筆者の私見であることを

第 11 章　認知症ケアから進めるまちづくり

あらかじめご了承願いたい。

(2) 高齢者見守りキーホルダー事業の概要
1) 高齢者見守りキーホルダー事業とは

　緊急連絡先や医療情報（かかりつけ医療機関、病歴、内服薬）等の登録申請を受けて、区が登録番号を記載した見守りキーホルダーとマグネットを発行する（図1参照。「大田区高齢者見守りキーホルダー登録申請書兼更新届」及び案内チラシは図2参照）。

　見守りキーホルダーを常に身に付けておくことで、外出先で突然倒れるなど、救急搬送・保護された際に、救急隊や医療機関、警察等からの照会に対し、24時間体制で迅速に情報提供ができる。また、マグネッ

夜間・休日情報照会対応後の「見守りキーホルダー」
地域包括支援センターと夜間休日対応コールセンターの電話番号が併記されている。

図1　見守りキーホルダーとマグネット

図2　大田区高齢者見守りキーホルダー登録申請書兼更新届・案内チラシ（両面）

トを自宅の冷蔵庫等に貼っておくことで、自宅での急変時に救急隊からの照会にも対応可能となる。希望により財布や定期入れなどに入れられるサイズのカードもお渡ししている（図4参照）。

　対象者は、大田区に住所を有する65歳以上のすべての高齢者とし、介護保険サービスを利用していない人も含めて、何かあれば気軽に相談するなど、元気なときから地域包括支援センターの存在を認識し[1]、つながってもらうよう、いわば「お守り」として身に付けてほしいと考えている。

　申請先は住所地を担当する地域包括支援センターとし、費用は無料。

　登録情報が常に最新で正確な情報でなければ、緊急時に役に立たないため、登録情報の変更があった場合は、地域包括支援センターへの連絡

をお願いしている。また、変更がなくても、年1回、誕生月に地域包括支援センターへの来所や地域包括支援センターから連絡することにより、つながりの継続を重要視している。

　見守りキーホルダーは、発信機を搭載しているわけではなく、単体では効果を発揮しない。見守りキーホルダーを見た人が何もアクションを起こさなければ、キーホルダーは単なるアクセサリーでしかない。しかし、見守りキーホルダーを持っている人の緊急時に、それを見た人が、記載の地域包括支援センターに連絡することではじめて本人の保護に結びつく。言い換えれば、地域全体で高齢者を見守り、支えるという意識、いわば共同体感覚とセットで効力を発揮する。この点を十分念頭において、見守りキーホルダーの普及に当たっては、地域の人々の意識の醸成、啓発が進むよう、取り組むことが重要である。

2）大田区のすがた

人口：712,057人（23区内3位）
高齢化率：22.6％（65歳以上の高齢者人口：161,046人）
要介護認定率：18.47％（2015年3月31日現在）
面積：60.66平方キロメートル（23区内最大）
※要介護認定率を除き、いずれも2016年1月1日現在。

3）区の高齢者施策の体系

　大田区の基本構想に掲げる区の将来像「地域力が区民の暮らしを支え、未来へ躍動する国際都市　おおた」を実現するため、大田区10か年基本計画「おおた未来プラン10年」後期5年計画を策定している。そのうち、高齢者に係る施策を具体的に掲げた個別計画が「おおた高齢者施策推進プラン～大田区高齢者福祉計画・第6期介護保険事業計画」であ

る。この計画を着実に推進することを通じて、地域包括ケア体制の構築を進めているところである。

(3) 経緯～民間の創意からはじまり、区の事業に発展

これまでの経緯を大別すると、草創期、区事業移行期、発展期の3期に区分することができる。

第1期　草創期─「みま～も」のキセキ─ [2]

高齢者見守りキーホルダー事業は、最初から大田区の事業であったわけでなく、大田区地域包括支援センター入新井が中心となり2008年に発足した「おおた高齢者見守りネットワーク」(愛称「みま～も」)の活動の中から生まれた。地域住民と地域で働く医療・保健・福祉専門職がつながり合い、高齢者を支え合うシステムづくり、まちづくりを目指すみま～もが、定期的に開催している「地域づくりセミナー」をきっかけに「SOS見守りキーホルダー登録システム」のアイディアが生まれた。

「外出先で突然倒れて緊急搬送されてきても、身元を証明するものを何も持っていないことが多い。身元の特定のために、荷物を隅々まで探すことも多いんです。」

セミナーの打合せであった、医療ソーシャルワーカーからのこのような悩みをきっかけに、「いっそのこと、地域で高齢者を見守るシステムそのものを作ってしまおう。」との機運が高まり、「SOS見守りキーホルダー登録システム」の誕生へつながっていった。

2009年6月、みま～も主催の「地域づくりセミナー」で原案を参加者に提示すべく、医療ソーシャルワーカーと計5回の打合せを重ね、システムの具体的な流れ、申込書に盛込む内容(登録する情報)、見守りキーホルダーの形状・デザインなどを決定していった。そしてセミナー

第 11 章　認知症ケアから進めるまちづくり

　当日、ダンボール製の救急車を使った寸劇を参加者に見せ、「この仕組みを作ったら、地域で暮らしているみなさんの安心の確保につながるでしょうか？」と問いかけたところ、100名を超える参加者から拍手が沸き起こった。

　医療機関、警察・消防、民生委員、自治会・町会などへの説明と協力依頼を経て、いよいよ2009年8月から大田区内6か所の地域包括支援センターで「SOS見守りキーホルダー登録システム」の登録申請の受付を開始した。その後、3か所の地域包括支援センターも加わったこの見守りキーホルダー登録システムは、区民のニーズをがっちり掴み、次のステップへと進んでいった。

　この過程の中で、見守りキーホルダーの製作や普及にかかる費用の調達方法が課題となり、みま〜もは、区の地域力応援基金助成事業の活用を目指すこととなった。地域力応援基金助成事業は、「おおた未来プラン10年（後期）」に掲げる「5年後のめざす姿」の実現を目指し、自治会・町会やNPO、区民活動団体の活動に資金を支援することで、その活動を活性化させ、地域力の向上を図るものである。中でも、ジャンプアップ助成は、区が課題と考えるテーマを様々な団体と協働して解決することを目的とし、テーマに対する提案事業に対して助成するしくみ。2010年度のテーマは、「高齢者が住みなれた地域で暮らすための環境づくり」だった。その年に応募したみま〜もは、翌年とあわせて700万円を超える区の経済的な支援のもとで見守りキーホルダーの無料発行を継続することができた。

第2期　区事業移行期—区民みんなで見守る見守られる—

　「SOS見守りキーホルダー登録システム」が普及していくのに従って、導入されていないエリアの区民から「どうして私は登録できないのか？」

といった苦情や導入エリアの拡充を求める要望が地域包括支援センターや大田区に寄せられるようになった。

　また、区の補助金交付が2011年度をもって終了した後においても、引き続き、見守りキーホルダーの無料発行を継続したいと考えていたが、そのための費用負担が課題に浮上した。

　当時、区では、一人暮らし高齢者の孤独死や認知症高齢者の増加等などの高齢化に伴う課題に直面する中で、実効性のある見守り手法の構築を模索していた。区は、見守りキーホルダー事業を大田区全域で広く実施することで区民の要望に応えるとともに、有効な見守り体制を築くことにつながると考え、みま～もと協議を始めた。その結果、更なる普及を目指す点でみま～もと合意に達し、見守りキーホルダーを区事業に移管し、全区展開を図ることとなった。区では、見守りキーホルダー事業を区の事業として取り組むに当たり、見守りキーホルダーの普及が効果的に進むよう、新規に担当職員を配置する工夫を加えることとした。見守りキーホルダーをツールにして、地域の自治会・町会や民生委員、ボランティアなど、多様な地域の方々を高齢者の見守りネットワークの構成員として結びつけるネットワーク構築の強化を担う区独自の「高齢者見守りコーディネーター」1名を常勤職員として各地域包括支援センターに設置し、延べ20名を増員したのである。

　そうして、2012年4月に65歳以上の区民ならだれでも登録が可能となる「大田区高齢者見守りキーホルダー事業」が開始された。

　事業が開始されると大きな反響があり、連日多くの区民が登録先になっている住所地を担当する地域包括支援センターに詰めかけた。3か月後の同年7月までに約6,300人の登録申請があり、区職員は増え続ける個人の登録データのシステム入力作業に追われる日々を過ごした。

　元気で毎日出歩いている高齢者、要介護認定を受けている方、一人暮

第11章　認知症ケアから進めるまちづくり

らししている親を心配する子ども、認知症高齢者の徘徊でお悩みの家族など、実に様々な人が申請に訪れた。新聞や雑誌などにも取り上げられたこともあり、他の自治体や関係者からも多くの問合せを受けるようになった。

区の事業として始めて4年経った現在でも、区報に「大田区高齢者見守りキーホルダー事業」の案内記事を掲載すると、翌日は電話が鳴りやまないほどの問合せがある（図3参照）。

図3　大田区報（2015年2月11日号）

問合せの内容も、「こういう制度があると良いと思っていました。」、「地方に住んでいる娘ですが、一人暮らしの母に持たせたいんです。」など、好意的なご意見が多数を占めている。話の最後に、「安心できます」、「ありがとうございます」と感謝の言葉をいただくと、「見守りキーホルダー事業を推進してきて良かったな」と心の底から感じられる。

第3期　発展期―安心してください！つながりますよ―

このように、多くの区民から支持されている「見守りキーホルダー事業」だが、1つ大きな弱点を抱えていた。それは、「夜間や休日の迅速な照会対応ができない」ことだった。「見守りキーホルダー事業」の情報照会対応の方法は、見守りキーホルダーを身に付けた高齢者を保護した人が、①見守りキーホルダーに書かれた担当の地域包括支援センター

に電話をする、②電話を受けた地域包括支援センター職員が、状況等に応じ緊急連絡先の情報等を伝達する、ことで機能している。「本当に必要な時に、役に立たないなら意味がない。」とのご意見も少なからず寄せられていた。この問題を解決するために、地域包括支援センターの業務を委託している社会福祉法人と

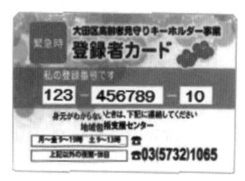

図4　登録者カード
希望者に配布している。クレジットカードと同じ大きさで、財布に収納できる。

ともに検討を重ね、その法人の運営する特別養護老人ホームとの連携により、地域包括支援センターの窓口が閉まっている夜間・休日に対応するコールセンターを2015年8月に立ち上げた。これにより、24時間365日いつでも照会への対応が可能となり、最大の死角を解消することができ、見守りキーホルダーへの安心感がぐっと高まった。

さらに、見守りキーホルダーを身に付けることに抵抗がある人向けに「見守りカード」(図4参照)や、認知症の人向けに「アイロンシール」(図8参照)などを用意し、見守りキーホルダーをベースに事業の発展を図っている。

事業開始からの登録者数及び登録率(その時点での65歳以上の高齢者数のうち登録者数の割合)は、次表のとおり推移している。

	登録者数	登録率
2012年度	14,510人	9.92%
2013年度	20,125人	12.99%
2014年度	26,429人	16.72%
2015年度	31,729人	19.70%

第11章　認知症ケアから進めるまちづくり

現在、同様のシステムを導入している自治体は、ホームページで検索しただけでも、都内では、千代田区、中央区、足立区、町田市、都外では、土浦市、岡崎市、赤穂市、越前市などがあり、広がりを見せている。

（4）活用の具体例

「大田区高齢者見守りキーホルダー事業」の2つの主目的「ネットワーク構築のツール」と「高齢者の緊急時の対応」ごとに具体的な活用事例を紹介する。

1）ネットワーク構築のツール

大田区では、区内21か所ある地域包括支援センターを高齢者の見守りネットワーク構築の中核として位置づけている。地域の情報が集まるネットワーク体制を構築し、要介護度が悪化する前の早い段階から高齢者の様子を把握し、高齢者を介護保険などの適切なサービスにつなげることで、対応が難しい困難ケースにならないで済むよう努めている。

介護保険のサービスを受けていない元気な高齢者にも地域包括支援センターを知ってもらい、そのつながりを継続していく。そのためには、「見守りキーホルダー」は最適なツールである。65歳以上のすべての高齢者を事業の対象にしているのはこのためである。

また、この事業の登録は更新制で、利用者は年1回の誕生月に地域包括支援センターに出向き登録情報を更新する。情報を更新していない利用者には地域包括支援センターが連絡して更新を促す。更新をお願いしているのは、「登録情報の確実性・新鮮性」と「地域包括支援センターとのつながり」の2つを重要視しているからである。登録時と年1回の更新時に、利用者と地域包括支援センターの職員が必ず顔を合わせることで、強固な関係を築くことが期待できる。そのため、新規登録のPRと同じように、登録更新にも力をいれているのである。

地域包括支援センターでは、「見守りキーホルダー」をネットワークツールとして様々に活用している（図5参照）。
　例えば、「様子がおかしい高齢者が近所にいる。」といった連絡が入った場合など、職員が訪問し「見守りキーホルダー登録の案内に来ました。」と言って自宅のドアをノックすることによって、スムースに話が聞けるケースが多い。
　また、地域の自治会や町会、商店街などにも「見守りキーホルダーの登録会をやりませんか？」と持ちかけるととても反応が良く、相手方と

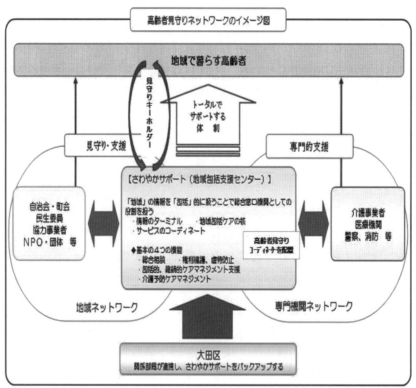

図5　おおた高齢者見守りネットワークのイメージ図

より良い関係性を築く効果がある。

2）高齢者の救急時の対応

ここでは、高齢者の不測の事態に見守りキーホルダーが実際に役立った事例を紹介する。

【事例1】―外出先で具合が悪くなったケース（2014年7月）―
夏の甲子園大会東京都地区予選を観戦に、1人で神宮球場へ観戦にでかけた高齢者。連日の猛暑が影響したのか、意識がもうろうとし倒れかかっていた。高齢者見守りキーホルダーを所持していたため、周囲の人が地域包括支援センターへ電話連絡してくれた。あわせて、救急車を呼んでくれ病院にも搬送された。地域包括支援センターから緊急連絡先の家族に連絡し、家族が本人のもとへ駆けつけることができた。
このように、熱中症により意識を失い、自分で情報を伝えられない場合も、スムーズに家族へ連絡することができた。

【事例2】―緊急搬送先で身元が分からなかったケース（2015年12月）―
消防署の救急隊員から問合せがあり、「本人が路上で倒れており、名前だけしか話せない。高齢者見守りキーホルダーを所持している。既往歴と緊急連絡先を教えてほしい。」とのこと。取り急ぎ既往歴を伝え、緊急連絡先には病院へ搬送後に連絡をした。また、生活保護受給中であったことから、担当のケースワーカーにも連絡し、その後の対応を依頼した。
見守りキーホルダーの事例で一番多いケースである。家族と一刻も早く連絡が取りたい消防や病院からの問合せに対応できるメリットが大きい。

【事例3】―認知症の人の徘徊のケース（2015年12月）―

K駅ホームで迷っている通行人がおり、高齢者見守りキーホルダーを所持していたため、駅員から地域包括支援センターへ連絡が入った。地域包括支援センターから緊急連絡先である家族に電話連絡をしたところ、家族も心配しており警察に捜索願を出すところだったとのこと。K駅に家族が迎えに行き、無事帰宅することができた。

数は多くはないが、認知症高齢者の徘徊対策としても有効な見守りキーホルダー事業。長く家族と会えないといった方をゼロにしていきたい。

以上の例はごく一例に過ぎず、見守りキーホルダー情報照会事例は年間100件を超える。

このように「大田区高齢者見守りキーホルダー事業」は、大田区16万高齢者に「もしもの時の安心」を提供している。

（5）見守りキーホルダーと認知症
1）区の認知症施策の推移

区の認知症施策は、動き出したばかりである。2015年1月、国が新オレンジプランを発表したとき、区における認知症に関する事業は、2007年度に始まった「認知症サポーター養成講座」と2013年度からの認知症疾患医療センターによるアウトリーチにつなげるための「認知症早期発見・早期診断推進事業（現「認知症支援コーディネーター事業」）」の2つ程度だった。

しかし、新オレンジプランの発表後、新聞報道・テレビの特集番組等で認知症に関するトピックが広範に取り上げられ、一躍、区民の最大の関心事の1つとなっていった。新オレンジプランでは、団塊の世代が

75歳以上の高齢者になる2025年には、認知症の人は700万人となり、65歳以上の高齢者の約5人に1人が認知症という推計が出された。区民としても他人事とは言っていられない数字である。区としても、「おおた高齢者施策推進プラン」に認知症高齢者への支援を重点項目に位置付け、2015年度から新たな認知症施策を数多く実施し、不安軽減を求める区民の声に応えることとなった。

2）新たな認知症事業

区の認知症施策は、新オレンジプランの7つの柱をもとに、区の実情に合わせて展開している。

①認知症サポーター養成講座の開催を推進するとともに、広く区民に認知症への理解を促すため、区内の認知症を専門とする医師お2人を講師に迎えた「認知症講演会」を開催した。335名の参加者があり、好評を博した。

②東京都が作成し、認知症の予防から対応まで幅広く掲載したパンフレットに、区の事業や相談先を盛り込んで再編した「知って安心認知症」を配布した。また、認知症の状態や進行に応じたサービス提供の流れを記載した、認知症ケアパスとして「大田区オレンジガイド」も作成・配布した。オレンジガイドは引っぱりだことなり、初版の9,000部では足らず、急きょ5,000部を増刷した。

③認知症の人などの介護者は、介護をしていることがわかりにくいため、あらぬ誤解を受けることがある。例えば、外

図6　パンフレット

出先で旦那さんが奥さんの排せつ介護をするため女性用トイレに入り、他の人から疑いの目を向けられるなどがそうだ。そうした介護者等家族支援の一環として、認知症の人を介護していることを周囲に伝えるアイテムとして、静岡県考案の「介護マーク」を作成・配布した。

図7　介護マーク

3）徘徊対策の救世主となれ

これら新規の事業の中で、認知症による徘徊への対策を実施する必要があった。

そこで目を付けたのが「見守りキーホルダー」だった。見守りキーホルダーによって身元が判明した事例は前述のとおりで、実績は十分である。しかし、認知症に特化して考

図8　アイロンシール

えたとき、1つ問題が浮上した。認知症の人が徘徊するとき、何も持たずに出ていくことがよくあり、見守りキーホルダーも付けるのを嫌がることがある。身元確認に有効な見守りキーホルダーも身に着けていなければ役に立たない。地域包括支援センターとも打合せを行い思案した結果、何も持たなくても身に着けているものは何だろう、さすがに裸で出ていく人は少ないだろう、ということで衣類に付けられるものを考え、アイロンシールに辿り着いた。その後もデザイン等を検討し、2015年8月、「高齢者見守りアイロンシール」は完成した。

こうした事業は、周囲への周知が肝心。アイロンシールを付けていても、保護する人が知らなければ見過ごされてしまう。そこで、毎日のように身元不明の人を保護している警察に周知するのが最も効果的と判断し、事業実施の前に区内の警察署に出向き、アイロンシールと見守りキーホルダー登録の説明を行った。警察署の反応は良好で、協力を了承いただいた。

さらに、アイロン不要で靴などに貼り付ける普通のシール版の予算も獲得できた。認知症により徘徊する人を、できるだけ早くご家族の元にお返しできるよう、今後も、事業の改善を進めたい。

（6）将来展望

類似のサインやマークの中には、住所や氏名、電話番号等の個人情報を表示するものがある一方で、見守りキーホルダーは、単なる数字の表示にとどまり、個人情報を直接表示するものではなく、気兼ねなく持てる点が普及の一因と思われる。

また、見守りキーホルダーは、直接、認知症の人の徘徊対策のツールとして開発されたものではないが、結果として、徘徊対策に役立っている点は、汎用性が高いツールといえる。

認知症の高齢者や一人暮らし高齢者の増加など、高齢化が進む中で、引き続き地域包括ケア体制の構築に向けて取組みを強化しなければならない。

今後も、見守りキーホルダーが地域包括ケア体制構築の有効なツールになるよう、地域特性を踏まえた施策のリニューアルや新規施策の実施に当たっては、高齢者施策の全体像の中で、見守りキーホルダーを媒介にして他の施策とつながりをもたせ、相乗効果を発揮させることを視野に入れ、取り組んでまいりたい。

注

1）平成 27 年度大田区世論調査によれば、地域包括支援センターの認知度は 31.0% である。
2）参考文献：おおた高齢者見守りネットワーク編、澤登久雄・野中久美子ほか著「地域包括ケアに欠かせない多彩な資源が織りなす地域ネットワークづくり—高齢者見守りネットワーク『みま～も』の軌跡」、2013 年、45 頁～ 53 頁。

2 北海道北竜町

（1）若年性認知症当事者ご一家の転入

　2007年8月に、東京より若年認知症患者の中村さんご一家3人が北竜町に転入された。中村さんは当時58歳、約10年前に若年性アルツハイマー病の病気を患われ、勤務していた会社も退職を余儀なくされた。

　2人のお子さんも幼少の頃から、病気の父親を目の辺りにされていた。奥さんは、本当に苦労に絶えない日々を送られていた。現在とは違い「若年性認知症」の病気自体があまり社会的に理解されていない時期でもあることから、ご主人が会社を辞められてからの生活は、どんなに儚く、経済的に大変なことであっただろうか。また、誰にも相談する事が出来ず、精神的なストレスや抑えきれない感情を、よくコントロール出来たものだと感心させられた。

　そんな状況の下、若年認知症家族会「彩星の会」（東京都）で活動する中で、その当時会の代表であった干場功氏が北竜町出身ということもあり、東京とは全く違った生活環境や自然豊かな地域で生活をするために、一家の本町への転入が実現したのである。

　北竜町ではその数年前に、当時現職であった町長が若年性アルツハイマー病を公表し辞任をしてから、まだ歳月が経っていなかった。そのようなことから、町民全体の意識として「若年性認知症」という言葉には敏感で、他の地域の方々よりも理解が深かったように思っている。

（2）空知ひまわりの支援活動のスタート

中村さんの転入から3か月後、2007年11月11日に若年認知症家族会「空知ひまわり」の設立フォーラムを開催し、家族会が誕生した。若年性認知症1組のご家族と、地域の支援者（サポーター）23名で構成された。

家族会設立後、毎月の「例会」を開催しており、最初の2回は認知症（若年性認知症）の勉強会を開き、この病気についての理解、対応（ケア）の方法等について学んだ。

その後の例会には、中村さんと奥さんにも参加いただき、北竜町で生活する上で困っていること、支援して欲しいことなどをお聞きするなど、回数を重ねていくうちに、「心と心」が通じ会えるようになっていった。中村さんや奥さんとサポーターとの距離も縮まり、お互いの理解の中で支援がスタートすることとなった。もちろん、支援するサポーターにとっては、自分達の時間の許す範囲の中での支援であり、出来ない場合には断わらざるを得ないこともあった。

（3）支援の状況

北竜町は小さな町であり大都市東京とは違い、交通機関が発達していない。そのため「車」は生活をしていく上では欠かせないものであり、買い物や通院の際には必需品なのだ。

家族会の初めての支援は、中村さんの通院支援だった。北竜町より砂川市立病院までは車で40分程度かかる距離である。そこから支援内容は広がり、買い物支援や奥さんが運転免許を取得するための教習所通学

支援、娘さんの通学支援などへも対応できるようになった。

中村さんは北竜町に転入後、介護保険でのデイサービス、ショートステイ、ホームヘルプサービスを利用した。しかし、介護保険サービスは限りがあり、それ以外の日常生活の支援が必要ではないかと考えるようになった。

中村さんがこれまでの人生で培われてきた残存能力を生かせるような支援を「空知ひまわり」が行うことになった。パークゴルフ支援、北竜温泉入浴支援、卓球支援、信（のぶ）さん農園等が支援プログラムであるが、最初はどれもこれも「試行錯誤」「手探り」の状態だった。中村さん自身から、「あれをしたい」「これをしたい」と自己表現してもらうことが少なかったため、奥さんから過去の生活実態や趣味等を聞き出しながら支援プログラムを考えていった。

サポーターも「何らかの支援をしたい」と思っている方々ばかりだったので、支援するプログラムの中で担当者を決めて、それぞれに責任をもって対応していただくことにしている。また、支援をする中で陶芸支援、ダンス支援、カラオケ支援等「新たなプログラム」を発見することもある。

　簡単に「支援」と言っても、中村さんは認知症であるため、同じことを何回も何回も繰り返しながら、根気よく支援することを大切にしている。そのように繰り返すことによって、1回目よりは2回目、2回目よりは3回目というように、教えなくても自分で出来ることが多くなっていくことに気づいてきた。中村さんには、まだまだ「学習能力」があるのだと感じるサポーターも多くいた。

しかし、全てのプログラムがうまくいっている訳ではなかった。何度か試みて、ようやくうまくいったというケースもある。もしかしたら、私たちの行っている支援プログラムは、中村さん本人にとっては「嫌い」だとか「嫌な」部分もあるかも知れない。しかし、認知症の方には脳へ刺激をすることで、少しでも病気の進行を遅らせることは可能であり、身体を動かしたり、物を製作したり、歌を歌ったりすることは大切なことだと考えている。

よく、中村さんは挨拶をする際に「オウー」と右手を挙げる。よく見ていると、誰とでも挨拶をするのではなく、中村さんが分かっている人（サポーターや施設職員等）とそうでない人を、中村さん自身の中で区別されているようだ。その「ポーズ」は、本当に自信に満ち溢れており、威風堂々としている。

今後も中村さんの「笑顔」を見られる支援プログラムを考え、失敗を恐れないで挑戦していきたいと思っている。

(4) 23名のサポーターからスタート

中村さんご家族の支援のため、23名のサポーターが集合した。サポーターの多くには、前町長が突然の辞任のきっかけとなった若年性アルツハイマー病が大きな要因を占めている。当時、現職の町長が病気の公表をしたが、やはり町長という肩書きの下では、支援をしたくても出来なかったことがあるようだ。人は支え合って生きていくものであり、自分1人では限界もある。

現在、サポーターは44名に増え、全員が認知症サポーター100万人キャラバン（全国キャラバンメイト連絡協議会）による「認知症サポーター養成講座」を受講している。そして「それぞれの想い」をもって支援をしており、職業も様々で「それぞれの役割」でサポートを行ってい

る。
　今後も毎月の例会を通して、情報交換や中村さんに対する新しいプログラムの発見、特に中村さん本人が常日頃から口にしている「働きたいという想い」(就労支援)に、少しでも近づけられるようサポーターが相互に協力し、知恵を出し合い、模索していきたい。そして、「サポーターも一緒に楽しめる支援」を取り入れ、限られた人材、限られた資源の中で、北竜町での生活支援をしていきたい。

(5) ひまわりマラソン《北商ロードレース大会》に参加
　若年認知症家族会「空知ひまわり」の活動も現在9年目に入った。中村さんの支援活動も多種多様に広がってきた中、2011年8月に開催された「第47回北商ロードレース大会」に、若年性認知症者3名を含む、全国より認知症に関係する支援者23名の方々が初めて参加することとなった。一般参加のランナー約300名とともに、全員が完走することができた。大会を運営する北竜町体育協会をはじめ、関係者の皆様の深いご理解とご協力をいただいて、盛会のうちに終了することがでた。

第 11 章　認知症ケアから進めるまちづくり

　認知症のことを広く社会に周知し、当事者の方々と実際に触れ、そして、お互いに助け合って生きていけること「安心で安全な生活ができる環境」が、最も大切な事である。少しでも認知症のことを理解していただくことの啓蒙活動の一環として参加し、この大会を皮切りに 2015 年 8 月に開催された「第 51 回北商ロードレース大会」まで、5 年連続で参加をさせていただいている。

　参加にあたっては、NPO 法人若年認知症サポートセンター（東京都）をはじめ、全国若年認知症支援者家族会・連絡協議会、東京彩星の会、エーザイ、北海道内の家族会、更には多くの北竜町民の皆様のご支援、ご協力を頂き、当日はオレンジの T シャツを着た参加者が、生き生きと走る姿が、大会を盛り上げている。

(6) 活動の成果

　若年認知症のご家族を東京から受け入れて9年が経過しようとしている。介護保険制度のサービスを中心に利用し、その一部分を「空知ひまわり」が支援を行っている。幸いに中村さんの病気の進行は大変緩やかで、発病後、約20年が経過している。しかし、2015年9月に体調を崩され、現在は入院中である。

　中村さんにはまだまだ残存能力があり、分からない部分も確かに多いのだが、反対に分かっている部分もある。更には、何度も何度も挑戦することによっての学習能力もある。

　ご家族から見ると病気になる前の姿が脳裏にあるため、どうしても「出来ない部分」が見えてしまい、そのことの積み重ねによって「全てが出来ない」と思い込んでしまう場合もある。確かに、認知症特有の「物忘れ」はあるが、「出来る部分」もかなり残っていることも事実である。

　若年性認知症のご家族にとっては、ある日突然一家の大黒柱が会社を辞め、収入が途絶え、経済的な負担が大きく、一方ではお子さんがまだ小さく、これからの学校や社会に出るまでの間「どうしたら良いのか」と途方に暮れる現実がある。私たち「空知ひまわり」は、ご家族で対応出来ない部分を支援することによって、少しでも中村さん家族の生活が

安定し、そして、安心でき、心も身体もリフレッシュできる環境を整えてあげたいと思っている。

（7）「空知ひまわり」によるこれまでの活動支援の内容
①信さん農園
②パークゴルフ支援
③卓球支援
④陶芸支援
⑤絵描き（写生）支援
⑥ダンス支援
⑦カラオケ支援
⑧北竜温泉入浴支援
⑨通院支援、通学支援
⑩付き添え支援
⑪買い物支援
⑫就労支援（農作業）
⑬ ひまわりマラソン
⑭ ウォーキング
⑮ 太鼓支援

（8）「空知ひまわり」の運営
①例会（毎月）の開催
②会報誌の発行（年4回）、啓発活動
③総会（年1回）
④役員会（随時）
⑤研修会、講演会への参加、勉強会の実施

⑥ 関係団体との連絡調整、情報交換

⑦ ブログの発信

⑧ 町内での各行事への参加

⑨ ロゴマークの作成

（9）今後の展望

　認知症は「誰にでもなり得る病気」である。ともすれば「自分だけ良ければ、いい」という考えになりがちだが、人の「心の痛み」や「ちょっとした支援」、あるいは「見守り」だけでも、その方々にとって「安心・安全な生活をおくれること」、言い換えれば「普通に生活出来ること」が、どれだけ大切なことなのかが、まだまだ社会の中には浸透されていない。少子高齢化が進行する時代にあって、若年性認知症のみならず、認知症になる方の割合は増加傾向にある。特別に「何をする」のではなく、対象となる方々の出来ない部分を少しでも補ってあげることにより、安心した生活は実現出来ると思っている。

　ひまわりの作付け面積日本一を誇る「ひまわりの里」を中心とした町づくりを推進する小さな町、北竜町であるが、町民1人1人が明るく「ひまわり」のように心豊かな生活が出来るよう、1つの施設の中で生活をするのではなく、町全体が1つの施設として支援する体制を構築することが今私たちに求められているところである。

　その1つの組織として「空知ひまわり」があり、今後とも町民の誰もが心安らげる生活が実現出来るよう、また、その輪が日本全国に広がるよう期待している。

《執筆者一覧》

◎は編著者

第1章　奈良岡美惠子（医療法人社団爽樹会　理事長（樹のはなクリニック））

◎第2章　吉田　輝美（昭和女子大学　人間社会学部　福祉社会学科　准教授）

第3章　奈良岡美惠子（前　掲）

第4章　髙橋　裕子（東京都世田谷区　高齢福祉部　介護予防・地域支援課　認知症在宅生活サポート担当係長）

第5章　髙橋　裕子（前　掲）

第6章　浅野美惠子（有限会社みなみ風）

第7章　柴田　邦昭（山形県社会福祉協議会　地域福祉部・東北福祉大学兼任講師）

第8章　鈴木　有貴（静岡県焼津市　健康福祉部　長寿福祉課）

第9章
　　１　吉田　輝美（前　掲）
　　２　中澤まゆみ（せたカフェ共同世話人・ノンフィクションライター）

第10章
　　１　干場　功（NPO法人若年認知症サポートセンター　理事・若年認知症家族会・彩星の会　顧問）
　　２　谷　義幸（社会福祉法人世田谷区社会福祉事業団　在宅支援課デイホーム統括担当係長）
　　３　伊藤　耕介（若年認知症ねりまの会 MARINE　まりねっこ担当）

第11章
　　１　佐々木信久（東京都大田区　福祉部　高齢福祉課長）
　　２　中村　道人（北海道北竜町　住民課長）

地域で支える認知症
～事例に学ぶ地域連携サポート～

平成28年9月1日　第1刷発行

編　著　　吉田　輝美

発　行　　株式会社 ぎょうせい

〒136-8575　東京都江東区新木場1-18-11
電話　編集 03-6892-6508
　　　営業 03-6892-6666
フリーコール 0120-953-431

URL：http://gyosei.jp

印刷　ぎょうせいデジタル㈱　　　©2016 Printed in Japan
※乱丁・落丁本はお取り替えいたします。

ISBN 978-4-324-10188-9
(5108275-00-000)
〔略号：地域認知症〕